U0021670

渣男排行榜

渣男輩出的男女江湖，一渣還有一渣渣……

妳以為遇到的男人已經夠渣了，沒想到下一個更渣！

第一屆
金鳥獎
獎落誰家？

캐서린 곰
凱薩琳・孔 ——著

時報出版

序

第一屆金鳥獎頒獎典禮致詞

Ladies and Gentlemen，歡迎來到由「Hito 渣男排行榜」主辦的第一屆金鳥獎頒獎典禮，我是金鳥獎主席兼主持人，凱薩琳‧孔。

2021 年底，我第一本書《等待加一，或者不：我和她們的單人婚紗故事》電影改編企劃，入選了「金馬創投」。創投會議時，認識了一些人，每當有人拿出手機，想跟我交換 LINE 和 Facebook 帳號時，我都會難為情地說：「不好意思，我的臉書現在正在坐牢，還有 20 幾天才會被放出來。」

說來有點心酸，我的粉絲數不多，前面兩本書也賣得馬馬虎虎，但是受到的職業傷害卻很大。天蠍座的正義感使然，2021 年起，我開始在「渣男動物園」的粉絲頁和 Instagram 連載《渣男事件簿》，幫讀者揭露渣男惡行，也在合法使用範圍內，將渣男可供辨識的資料公開，讓他們有機會被指認。

原以為可以對渣男產生恫嚇作用，沒想到我錯了，而且大錯特錯。兩名曾經出現在《渣男事件簿》中的渣男，價值觀異於常人，不但沒有絲毫反省之意，還自覺是受害者，對我展開一連串渣男的逆襲。

空戰部分，他們號召了一票狐群狗黨對《渣男動物園》的粉絲頁及 Instagram 進行惡意檢舉。Facebook 和 Instagram 的審查機制有時候很瞎，甚至不排除可以人為操控，只要檢舉者的後台夠硬，都可以

癱瘓特定帳號。當時粉絲頁上關於兩名渣男的文章通通被下架之外，Instagram 帳號更慘遭永久停權，理由是我違反了社群規則，文章內容涉及霸凌。

從那時候開始，「渣男動物園」粉絲頁不只被降低觸及率，還進入紅色警戒狀態，Facebook 時不時就會提醒我要謹言慎行，如果再次違規，粉絲頁隨時都可能離我而去。

我的個人帳號也開始莫名其妙坐牢，從一開始的停權 24 小時，接下來 72 小時，發展到後來每次都要進監獄連蹲 30 天。很多人應該都不知道臉書坐牢的感覺吧，簡單來說，凡於坐牢期間，不能發文、不能按讚、不能追蹤任何粉絲頁、也不能加好友，只能用眼睛看。

陸戰部分，兩名渣男拿著自己的犯罪證據跑去警察局報案，要求警方快點把我揪出來，因為我的文章已經有損他們的名譽。他們告我還不夠，當初向我爆料的受害者也一起被告。就算渣男們自知沒有勝訴的可能，還是堅持要浪費司法資源。

因此，我在 2022 年收到了 2 張傳票，跑了法院 3 次，雖然兩名渣男最後都成為法院認證的渣男，但是在收到不起訴通知書以前，心裡總覺得有塊石頭壓著。

我有點生自己的氣，都是莫名的正義反噬了自己。當初只想著替

受害者出頭，也讓渣男得到教訓，更保護未來可能受害的女生，卻讓自己的生活受到極大的影響。

「渣男動物園」粉絲頁也在口耳相傳後，引來一些居心不良的女生。她們會故意開小號向我爆料，每一個被指涉的男性幾乎都是有點來頭的人物，其中不乏某客運小開、某彰化縣國小校長、師大國文系某教授。幸好我沒那麼傻，察覺她們似乎只想躲在小帳號後頭借刀殺人，這些女生的出現，讓我不禁開始懷疑人性。

因為擔心要是粉絲頁再次遭到惡意攻擊，可能就真的離我而去，也意識到發表在 Facebook 上的文章其實效益有限，話題頂多燒個兩天就冷了，三五天後文章再也沒人看見；要是情況再更慘烈一點，文章可能剛上架就被渣男檢舉下架，於是我開始放任粉絲頁長草，停更了很久。

某天我突然靈機一動，為什麼不把渣男的故事寫進書裡，如此一來，要是渣男想要掩蓋真相，唯一的方法只能用新台幣把我的書下架。但是把這一刷的書買光了以後還是會有下一刷，渣男最終的下場就是名留青史、遺臭萬年。子子孫孫、世世代代，都有機會得知祖先當年有多渣。

因此，我決定創立「金鳥獎」，頒發獎項給值得表揚的渣男。

準備好了嗎？第一屆「金鳥獎」頒獎典禮即將開始，請坐穩你的椅子，因為接下來隨時都可能從椅子上跌下來。

1

你的女兒不是你的女兒
——保養品行銷詐騙獎

認真勸告所有渣男們，幹壞事前，先想一下自己的名字，如果你的姓氏特殊，先天上已經沒有成為渣男的本錢，因為不管是由受害者自己，或是透過第三方揭露劣跡，不需要指名道姓，只要提到姓氏，就有很大的機會被指認，完全不用冒上「妨害名譽」或是「洩漏個資」的風險。

這個故事裡的渣男姓「范姜」，根據維基百科上的說明，范姜是少見的複姓，目前台灣范姜姓氏人口僅 4,300 人，在全國姓氏人數排名第 153 名，家族人口發源於桃園縣新屋鄉。

范姜，英文名 Jason，1990 年生，水瓶座。身高不到 170 公分，身形偏瘦，在保養品專櫃擔任推銷員，自嘲自己的公司真的如其名，就是在「坑你」。他的鼻子大如蓮霧，嘴唇厚如香腸，嘴巴兩側的鬍碴顏色特別明顯，看起來很像古代奸臣的兩撇鬍子。雖然長相離帥哥的標準很遠，卻自信爆棚，自認是萬人迷，自誇服務過的顧客都很容易被他吸引。號稱家裡收藏了上千本書，自豪是「行動知識庫」，不能忍受現在年輕人都不讀書。他喜歡閱讀中國歷史，最愛的書是古代 A 書《金瓶梅》，對莫內、梵谷等西方藝術家也略懂；因為超級崇拜郭台銘，所以郭台銘的自傳閱讀了好幾遍。

2022 年 5 月 17 日，乖乖下班後，到公司附近的購物中心閒逛，晃到中島區時，不幸碰上了逢人就發試用品的范姜。乖乖是個內向、害羞、話不多的女生，因為不好意思拒絕，跟著范姜回到櫃上。

范姜一邊努力推銷商品，一邊建立自己的人設。他宣稱自己1984 年生，今年 38 歲，是個單親爸爸，目前獨自扶養 15 歲的女兒。雖然前妻給他戴綠帽，但是離婚時他選擇淨身出戶，把天母的房子送給前妻，自己帶著自閉症的女兒搬回新屋老家和奶奶同住。他也提起自己悲慘的身世，說自己是孤兒，很小的時候就因為爸爸外遇，父母離異，媽媽不久後再嫁，把范姜丟到孤兒院，後來是奶奶千里尋孫，才把他帶回家。小時候因為家境不好沒錢吃飯，為了填飽肚子，經常烤蟑螂來吃。因為童年的不幸遭遇，讓他想要幫助其他弱勢兒童，所以長期資助一個非洲女兒，現在還把她接來台灣同住。

范姜繼續自我介紹，說自己為了改善家裡的經濟狀況，學生時期就出來賺錢，努力白手起家，為了錢，什麼工作都做，為了精進自己的實力，進入保養業前還去法國和英國深造。因為英文不好，後來靠著非洲女兒的幫忙完成論文。回國後，也順利拿到國際彩妝和美容乙級的雙證照，已經在這行做了快三年。范姜拿出一罐保養品，試擦在乖乖手上：「這個品牌的產品真的很好用，這一罐治好了我女兒的尿布疹。」數學邏輯有點強的人，都會發現哪裡不太對勁，范姜女兒今年 15 歲，他進入「坑你」兩年多，原來范姜的女兒一直到 12 歲的時候都還在包尿布。

乖乖不知道是單純還是單蠢，正常人都會意識到范姜說的全是比扯鈴還扯的鬼話，乖乖卻照單全收，開始同情眼前這個其貌不揚的男

人，甚至覺得范姜是個負責任又上進的好爸爸。

范姜主動說可以幫乖乖免費做臉，他一邊做，一邊稱讚乖乖身材很好，前手臂還「不小心」滑過乖乖胸部。乖乖當時沒想太多，覺得范姜應該不是故意的。她注意到范姜的手指頭又肥又短，看得出來有咬指甲的壞習慣。范姜開始對乖乖示好，他說乖乖完全是他的菜，長得白白淨淨，又是他最喜歡的小隻馬，他保證一定會算乖乖便宜，讓乖乖買到賺到。

乖乖像是被下蠱、中了邪，最後結帳金額高達兩萬元。范姜接過乖乖的信用卡：「我已經為愛打折了喔，這些東西原價要三萬多呢！」結完帳後，范姜繼續拉著乖乖聊天，他號稱自己有錢、有車、有房，還打開手機，秀出七位數存款還有股票帳戶給乖乖看。范姜告訴乖乖，不會有人第一次見面就隨便把自己的存款和股票給陌生人看，他是真的很喜歡乖乖，乖乖是他找了好久的理想型，他一定會對乖乖負責。范姜根本標準業務嘴，要是真的那麼喜歡乖乖，為什麼兩萬多元的保養品不直接送給乖乖就好？

面對這樣的攻勢，生活單純、社交圈也很小的乖乖，沒有半點招架之力。她和范姜交換 LINE 時，發現范姜的封面照片是一張和女生的親密合照。范姜神色自若地告訴乖乖：「這個就是我 15 歲的女兒。」乖乖怎麼看，都覺得那個女生的年紀看起來應該是 15 歲的兩倍，但是基於禮貌，只說了：「你女兒看起來好成熟。」

范姜想約乖乖去看電影，甚至把話題轉到性愛。他說自己單身好久了，平時都只能靠雙手解決，反問乖乖有沒有交過男朋友？單身了多久？都怎麼解決自己的生理需求？乖乖終於感覺被侵犯，不耐地回了一句：「我跟你很熟嗎？」范姜才開始收斂，換個方式繼續對乖乖示好，他說他要自掏腰包送給乖乖一瓶超奢華精華液，但是要求乖乖把外盒留給他。後來乖乖才知道，范姜刻意把外盒留下來，是爲了跟公司謊報是給櫃上顧客試用的消耗品。

　　隔天中午，范姜主動傳了訊息給乖乖，問她產品使用上有沒有任何問題，也「善意」提醒乖乖可以提早跟他預約下一次免費護膚的時間。之後兩人的互動都是以保養品的使用爲主，乖乖可以感覺范姜的回覆不是很熱絡。

　　6月24日，乖乖最愛的日系服飾品牌打折，所以又去了購物中心，再次被范姜堵到。范姜打算發試用包給乖乖時，認出眼前的這個女生好面熟，發現肥羊又來了。他再次把乖乖帶回櫃上，又打算賣乖乖東西。范姜再次使出一樣的伎倆，一邊稱讚：「妹妹妳眞的好可愛，男人看到妳都會心動。」一邊拿出頂級商品告訴乖乖：「這罐原價一萬六，兩罐我偷偷算妳兩萬就好。」

　　準備結帳時，范姜的學長不知道從哪冒出來，一開始先是跟乖乖攀談，後來開始推銷東西，希望墊高結帳金額，以術語來說，這叫「搭

車」。學長洗腦乖乖時，乖乖餘光瞄到范姜躲到一旁偷滑和自己的歷史訊息紀錄，喚起對乖乖的記憶。范姜對學長說：「可以多送她DD霜和洗卸的東西，她很喜歡。」接著深情地對乖乖說：「我都記得妳說過什麼喔。」學長奮力痛宰肥羊時，范姜開始對乖乖毛手毛腳，藉機摸摸乖乖的手，也有意無意地觸碰她的胸部和屁股。溫和的乖乖被嚇到了，卻不知道如何反應。

最後，乖乖的結帳金額高達六萬，她不知道自己到底怎麼了，不久前才為了省錢，在自己的愛牌用刪去法購物，忍痛放棄了好多自己喜歡的東西，最後只消費了四千元；現在她卻在這個保養品專櫃買了一堆自己沒感覺也不需要的東西，莫名其妙成了大戶。

因為是大戶，自然享有VIP的待遇，范姜親自護送乖乖到購物中心停車場，自動坐上了乖乖的機車後座。他像邪教一樣，對乖乖下了指令，要乖乖坐在前座，乖乖不知道怎麼拒絕，竟然照做了。范姜從背後環抱著乖乖，兩隻手開始搓揉乖乖的胸部，一邊呻吟一邊讚嘆：「妳的胸部好大。」當時購物中心快打烊，范姜約乖乖下班後一起吃宵夜。

走去中壢夜市的路上，經過一座公園，范姜眼見燈光昏黃、四下無人，直接把手伸向乖乖的胸部，乖乖整個人僵住了，努力說出的第一句話竟然是：「所以我們現在是在交往嗎？」范姜的回答完全符合渣男路線，他反問乖乖：「妳說呢？」接著牽起乖乖的手，讓乖乖以

為范姜已經透過行為確認了彼此關係。

吃飯時，范姜又開始炫富，他拿出薪資條，告訴乖乖他是個高收入的人，月薪大約七萬多，好的時候甚至可以上看六位數，曾經有一個貴婦被他迷得神魂顛倒，當場刷了三十萬。范姜又提到自己的女兒，他說女兒叫 Penny，跟著母親姓李，跟乖乖一樣也是學室內設計的，可是胸部只有 A 罩杯，習慣冷氣開很強吹一整天，害他兩個月就繳了好幾萬的電費，而且沉迷電玩，還會跟網友互稱老公老婆。

范姜說，女兒從小跟他相依為命，非常黏他，沒辦法接受爸爸交新女友，他的上一任女友就是被女兒搞掉的，所以他希望等感情穩定一點再讓她知道乖乖的存在，希望乖乖盡量不要傳 LINE 給他，有事可以直接打電話。還直白地說，如果女兒最後不喜歡乖乖，他還是會選擇他的女兒。

隔天是假日，一早，乖乖先和朋友去看棒球比賽，開心地傳了照片跟范姜分享，范姜已讀不回。比賽結束後，乖乖傳了訊息給范姜：「比賽結束了，等等我去找你喔。」下一秒馬上接到范姜來電，劈頭就是一陣數落：「我不是叫妳不要打字嗎？有事講電話！」接著說他已經下班回家了，有事明天再說。

剛交往卻這樣被對待，乖乖覺得又難過又生氣，掙扎著第二天要不要去找范姜，結果還是去了。她在購物中心的高樓層呆站了兩小

時，望著一樓天井區的范姜身影，猶豫著要不要繼續跟范姜見面。范姜一見到乖乖，態度又變得很熱絡，吃宵夜時，范姜滔滔不絕說著自己的豐功偉業。他說自己學生時代是醒吾五專、萬能二技的風雲人物，進入保養業之前，曾經是旅行團的領隊，專跑中國和東南亞。有一次到泰國帶團時，去了「娜娜廟」，因為對鬼妻娜娜不敬，回飯店後全身僵硬無法動彈。後來在一名泰國高僧的指點下，回到娜娜廟向娜娜懺悔，還特地點了一根菸給娜娜抽，娜娜的神像竟然當場在他面前吞雲吐霧。還說有一次帶團正逢泰國政變，遇上反叛軍持槍掃射，最後靠著佛牌保佑，逃過死劫。乖乖對於范姜所說的一切，沒有半點懷疑，甚至有點崇拜，覺得范姜的人生充滿戲劇化。

范姜給了乖乖一個功課，要乖乖研究有沒有可以防止別人偷窺的聊天 APP，幾天後他要驗收成果，只要乖乖能達成任務，以後就可以毫無顧忌地聊天。為了不讓范姜失望，乖乖找到了韓國人專用的 Kakao Talk。范姜非常滿意 Kakao Talk 的私密聊天功能，大力稱讚：「這個很適合我們，以後聊天就不怕女兒發現了。」

接下來的日子裡，乖乖幾乎每天六點下班後都去購物中心閒晃，等著范姜十點下班。約會結束後，再自己從中壢騎車回桃園，回到家時，通常都已經三更半夜。好不容易等到范姜休假，范姜又會臨時說要陪女兒。

一個晚上，范姜突然提議去唱歌，一進包廂，范姜馬上精蟲衝

腦，對著乖乖上下其手，接著衝去買保險套。回到包廂時，范姜強拉著乖乖進廁所，強行用後背式的體位進入乖乖的身體，喘氣地說：「妳的小穴好緊。」可能因為乖乖已經單身七年多，再加上范姜拼命橫衝直撞，乖乖下體流出好多鮮紅的血。因為乖乖不願意再繼續，范姜把乖乖帶回包廂，抽掉保險套，逼乖乖幫他口交，最後還把精液射在乖乖嘴裡。

之前每次約會吃飯，范姜都要求乖乖先結帳，但是最後都會故意忘記給錢，這次范姜終於願意掏錢了，只是結帳時跟 KTV 的櫃台人員起了爭執，他說他以前也在這裡打工過，平日歡唱三小時應該千元有找，質疑對方亂收費，讓一旁的乖乖覺得很尷尬。

范姜答應乖乖，幾天後他會排休，打算帶著乖乖來一趟兩天一夜的台北之旅，還指定了想住的酒店，要乖乖先訂房，之後他會全額支付住宿費。出發前幾天，范姜得知乖乖公司有同事確診，第一時間的反應竟然是：「搞什麼，這樣要怎麼跟妳打砲？」還生氣地說：「要是我女兒也被間接傳染怎麼辦？」下一秒馬上情緒轉換，說他不怕病毒，女兒是家人，乖乖才是愛人，兩人的愛之旅一定要如期出行。

范姜不是王子，卻有王子病。出發前，不只提醒乖乖把之前沒用完的保險套帶出來，還說自己有很嚴重的潔癖，不敢用飯店裡的東西，要求乖乖準備整套的盥洗用品、毛巾、浴巾、拖鞋、甚至還要幫他帶上全新的內衣褲。

入住之前，迷信鬼神的范姜敲了敲房門，大聲說了一句：「不好意思，借住一宿。」接著把門打開，站在門口等了三分鐘，說要讓裡面的鬼通通走出去再進去。一進房間，范姜馬上把身上的四串佛牌通通拿下來，也開始脫衣服，猴急地把乖乖壓在床上。做完後，范姜一路從白天睡到晚上，才帶著乖乖走去西門町隨便吃個東西，吃完後又趕回飯店打砲，隔天睡醒後還是繼續打砲，說好的台北之旅根本是打砲之旅，而且范姜無意支付飯店的住宿費用。

　　離開台北後，兩人沒有馬上回中壢，跑去新竹火車站附近晃晃。天氣很熱，范姜要乖乖把頭髮綁起來，乖乖隨意紮起了一個馬尾，范姜看著乖乖露出的頸後，冒出一句：「好像又可以做愛了。」乖乖當時有一種感覺，范姜的腦子裡好像無時無刻都只有性愛。

　　兩人臨時決定去巨城威秀看電影，乖乖發現范姜的習慣真的很差，看電影時不只把口罩拿下來，腳還放在前面的椅子上。剛坐定沒多久，他又把手伸進乖乖的衣服裡，後來因為旁邊有人坐下，他才收斂。

　　回程的火車上，乖乖告訴范姜，她覺得有點失落，因為感覺不到范姜對自己的用心。范姜說，可能因為他生性高冷，才給人距離感，要乖乖不要想太多。范姜先在中壢站下車，乖乖看著車窗外的范姜對著她比愛心，又覺得自己已經很幸福了。

隔天約會，范姜提起同居的事情，他說想和乖乖有個屬於兩個人的小世界，也抱怨他覺得乖乖有性冷感，還說：「妳又不是處女了，為什麼做愛那麼放不開？」范姜向乖乖炫耀自己真的很受歡迎，在護膚室幫女客人護膚時，有些女客人會要求他撫摸她們的胸部，誘惑當前，他無法拒絕。范姜說，如果有機會的話，他好想在護膚室裡幹乖乖；還說自己學生時代就很受歡迎，一個女老師知道他家境不好，不只私下經常請他吃飯，還會免費幫他補習，後來女老師跟他告白，直接把他撲倒，因為當時年輕氣盛，受不了誘惑，後來他覺得不能繼續下去，開始躲著那個女老師；之前帶團，單身的旅客或是導遊也會主動要求跟他同房，還會穿上性感內衣誘惑他；和團員去海邊玩水時，因為他的性器官很大，所有女團員都盯著他的下體看；他也自豪自己的聲音低沉很有磁性，宣稱光聲音就能讓女生懷孕，曾經有一個女生聽到他的歌聲後馬上跟他告白。

　　幾天後，范姜說他爸爸肝病過世了，雖然他覺得這是老天爺給的報應，還是很難過，接下來幾天都要去幫爸爸唸經，所以不能見面，也提醒乖乖不要跟他聯絡。范姜傳了一張病房的照片，告訴乖乖那是他爸爸臨終前的照片，幾秒後就把照片回收，乖乖覺得那張照片好像是網路上隨便抓的。

　　兩天後范姜出現了，他告訴乖乖他想去 KTV 打砲。相處時，乖乖完全感覺不到范姜正逢喪父之痛；這幾個禮拜以來，也從來沒聽范

姜提起爸爸生病的事。就算是這幾天才突然離世，停靈期間也要守靈，可是范姜卻完全正常生活。

乖乖在 Facebook 和 Instagram，找到了范姜的帳號，發現范姜的大頭照放了自己和女兒的合照，臉書還顯示穩定交往中，Instagram 的個人簡介還標註了一個叫做 Penny Lee 的女生，精選動態可以看出兩人每年 12 月 5 日的交往紀念日都會大曬恩愛慶祝。乖乖質問范姜到底怎麼一回事，范姜面不改色地說，那個 Penny Lee 真的是他女兒，因為他的工作會給他招來很多爛桃花，所以才會拿女兒當擋箭牌。乖乖忍不住把心中的疑問說出口：「你女兒為什麼看起來那麼老？」范姜沒有正面答覆，只說乖乖應該有憂鬱症才會想這麼多。他強調自己是真心的，不然每天下班累得跟狗一樣，幹嘛還花時間跟乖乖見面；而且他是虔誠的佛教徒，信守一夫一妻制，絕對不可能亂搞，要乖乖不要胡思亂想。

乖乖再次被洗腦成功，說服自己范姜是真心的。幾天後范姜說女兒突然生病，必須請假照顧她，這幾天他會先移除 Kakao Talk，會先退出聊天室，之後他會加回來。

范姜突然被公司調到台北的櫃點，乖乖下班後開始往台北跑。某天，范姜問乖乖要不要留在台北過夜，兩人臨時找了一家旅館入住。櫃檯要求兩人出示身分證時，乖乖瞄到范姜的出生年次好像是 79 而不是 73，但是她自我催眠應該是看錯了。

一進房間沒多久，女兒就打來了，范姜不小心按到擴音，女兒在另一頭催促范姜快點搭末班車回中壢，范姜藉口還在盤點，今天可能不能回去了。電話掛上後，乖乖難過了起來，因為對方聲音聽起來真的不像 15 歲的女孩，兩人的對話也不像父女間的交談。范姜沒有多解釋什麼，只說乖乖憂鬱症又發作了，他不懂到底要怎麼做才能給乖乖安全感，他只是想單純地好好愛一個人，為什麼這麼難，難道只因為自己有一個神經病女兒，就沒有愛人的資格嗎？范姜劈哩啪啦說了一堆鬼話，讓乖乖覺得都是自己在無理取鬧。

交往越久，乖乖越發現范姜是個非常小氣的人。他出門從來不刷卡，他說怕被女兒發現自己交了女友。不管做什麼范姜都習慣叫乖乖先付錢，如果乖乖不主動跟他要，他就會裝傻忘記。少數幾次主動說要請乖乖吃飯，也會指引乖乖點最便宜的就好。交往後期，范姜才開始願意搭車去桃園找乖乖，但是每次都跟灰姑娘一樣，午夜 12 點前一定要回到中壢，因為機車的停車費是以日計算，如果跨日的話，他就要多付一天停車費。

這次臨時決定入住飯店，也是一樣由乖乖買單。乖乖並不是計較自己出的錢比較多，而是那種感覺真的很差。范姜不想花太多心力安撫乖乖的情緒，只想快點把乖乖推倒。完事後，兩人起了爭執，因為范姜開始不肯戴保險套，還說直接射在裡面比較舒服，他要求乖乖吃避孕藥，甚至要乖乖去裝避孕環。乖乖懷疑自己根本只是范姜的砲

友，平時就算在外頭，范姜也會把手伸進乖乖的胸罩，甚至把手指插入乖乖的陰道裡。有一次在公園，范姜還強拉乖乖的手去摸他的性器官，最後把褲子解開，讚嘆自己的陽具充血後真的超級巨大的！

范姜轉移話題，他說他是真的很想跟乖乖結婚，但是乖乖家裡的經濟狀況讓他害怕，雖然他自己已經在武陵高中附近買了一間價值1,300萬的房子，目前當包租公，每個月可以收租26,000元，再加上其他收入，月收入可以上看30萬，他還是擔心會被乖乖的家庭拖累，希望乖乖跟他結婚後，可以跟家裡斷絕關係，然後抱怨自己為什麼每次都遇到這種家境需要他拯救的女友。

乖乖的同事小蔓早就注意到乖乖這陣子不太對勁，主動開口關心乖乖是不是遇到了什麼事情。乖乖如實地把范姜的一切通通告訴小蔓，小蔓直覺不對，鐵口直斷范姜一定有鬼，乖乖終於願意正視「范姜這個人很有問題」的事實。狡猾的范姜意識到乖乖的轉變，開始積極討好。他討好的方式不是加倍地對乖乖好，而是拼命往自己臉上貼金，可是他貼的都是金紙，應該自己燒給自己。

范姜打開蝦皮APP，炫耀自己消費已經累積五萬元以上，是蝦皮的白金會員。接著秀出左右兩手的貔貅手環，他跟乖乖說，這四條手環價值好幾萬，幫他賺了很多錢；還說他站櫃時會故意使用費洛蒙香水，增加成交率；甚至掏出胸前一串佛牌，他告訴乖乖，這串佛牌是由死人性器官燒製而成，配戴在身上可以增強性能力。

爲了博取乖乖的信任，范姜傳給乖乖「領隊人員執業證」的照片。乖乖一直很想看看范姜的書櫃到底有多壯觀，跟范姜要了照片。照片一點開，連上百本都沒有，哪來的上千本？而且通通是《初級會計學》、《經濟學》、《英文》、《公民》、《國文》之類的工具書。

　　范姜說：「我是半個公務員，另一個身分是觀光領隊協會副理事長哈哈，終身每個月都可以領 12,000 元，但是沒事幹，只要視訊開會就好，這樣浪費納稅人的錢讓我不太安心，有時候會有罪惡感。」講完後還交代乖乖：「不能講出去喔，不想被人議論，要低調。」爲了證明所言不假，范姜傳了一張「中華民國觀光領隊協會」的感謝狀給乖乖，上面明明寫的是「副學員長」，范姜卻把自己升級成「副理事長」，單純的乖乖竟然沒有發現，而且「哈哈」兩個字一看就是在掩飾心虛。

　　范姜繼續胡說八道：「很好笑，莫名其妙當選至今，是全省選拔，15 萬人在選，要對觀光產業有重大貢獻的人才能選。我不想騙人，我這個人就是實在。但妳別講出去喔，這個要低調，做人要謙遜，稻穀是越長越垂。我以前在觀光界小有名氣，我講不知道妳相信嗎，需要懂飛機原理，也要通過壓力艙測試，就是都要懂一些，不然一個月怎麼可能平均收入 30 萬？我是非常努力達成我的成就，還有潛水執照、會計執照，多益 750 分，那時候競爭太激烈，我必須比別人強，我只是想讓你信任我一些，不然我根本不想提起從前。」

為了證明所言不假，范姜傳了「考試院考試及格證書」，卻刻意把出生年次塗黑。乖乖問：「你沒蓋掉身分證卻蓋掉生日？」范姜解釋：「不想變老，想一直年輕著。」接下來繼續瞎掰：「我是被管制人口，半公務員身分，出國要回報哈哈，蠻特別的，觀光領隊協會隸屬觀光局管轄，我的資料在那裡建檔了，每次都要去領事事務局交代行蹤，真的超級困擾，反應過無效，每年還要回去點名，反正公務員沒想像中的好。因為曾經是核心，我知道蠻多事情的，下次用說的。」

原來公務員還可以兼差賣保養品，男人鬼扯起來真的無下限。范姜瞎掰完自己偽造的經歷後，馬上把對話收回，理由是擔心軟體不安全，他說的一切都需要保密。涉世未深的乖乖對於范姜的胡言亂語沒有半點懷疑，反而告訴自己范姜是個不可多得的好對象，雖然經歷過一段婚姻，還是單親爸爸，但是工作很上進，對女兒也很負責任。

父親節當天，范姜約乖乖去唱歌，乖乖知道范姜又想找自己打砲。她問范姜，不用跟女兒一起過節嗎？范姜說他們沒有過節的習慣，而且他不奢望女兒對自己做什麼。經過興仁夜市附近的一棟大樓時，范姜告訴乖乖，不久前他在這棟大樓的 9 樓買下了第二間房子，以後想跟乖乖在這裡養老。

為了想要留住乖乖，范姜開始比較願意付錢，乖乖看到了范姜皮夾內的駕照，髮型看起來很復古，乖乖指著范姜的駕照：「這照片是

很久以前的吧。」范姜把駕照遞給乖乖，乖乖發現范姜的出生年次真的是 79 年。范姜完全沒有意識到已經自爆，繼續掏出身分證給乖乖：「這張照片比較新了。」再次證實了他根本不是 73 年生的。

乖乖選擇不拆穿，開始疏遠范姜，同事小蔓也勸乖乖結束這段關係，要求乖乖傳訊息跟范姜分手。范姜馬上打了語音過來，乖乖拒接，接下來范姜拼命訊息轟炸：「對不起我是哪裡做錯了，妳知道我有多想妳嗎？我們昨天不是還好好的？妳知道我多想和妳一起走下去，我現在哭到無法上班，我真的很愛妳，我心好痛，真的那樣不喜歡我是嗎，原來我是一個那麼令人討厭的人，可以別一次判我死刑嗎？」乖乖忍不住回應：「我也會有看清楚的一天，結束了，不要再聯絡。」范姜竟然還有心情想到性愛：「到底哪裡沒讓妳看清楚，全身都很清楚了。」

小蔓看不下去，把乖乖手機搶了過去幫忙回覆：「我是她堂姊，你騙夠了嗎？」范姜回完：「姊姊，我真的沒有騙她。」之後，馬上用手機門號打給乖乖，小蔓接起來：「乖乖那麼單純，為什麼要欺負她？為什麼要騙她你 73 年次的？」范姜情急之下錯亂了：「因為我怕她覺得我太老，才故意裝年輕。」小蔓又把同樣的問題問了兩遍，范姜還是一樣的回答，第四次才發現自己講反了：「我怕乖乖覺得我太幼稚，才謊稱 38 歲。」

小蔓繼續追問范姜臉書上大曬恩愛的女生到底是誰，一看就知道

不是范姜的女兒，要范姜不要再騙了。范姜沉默不語。小蔓告訴范姜，她有兩個旅遊業的朋友正好也認識范姜，要不要大家約出來一起聊？小蔓警告范姜，如果再騷擾乖乖，大家就青埔派出所見。

那個晚上，范姜訊息傳個不停裝可憐，好像在練習作文比賽：「不知道該怎麼辦，我的心好像破洞了，妳像溫暖的陽光，我不會表達愛，我的心是一座冰山，但人生第一次我覺得有人願意關心我也懂我，並且走向我，我覺得一輩子只會愛妳而已，世界上只有妳能治癒我長年受傷的心，我好想聽妳的聲音就好，被抱一次就好，我一直對老天許願，我發誓我不能沒有妳。拜託老天幫我一下了，拜託了，我請三天假真的沒辦法上班，一直不停哭，一輩子很少哭的，我現在一直在哭，我直接娶妳的心都有了。」

隔天小蔓知道了，打電話質問范姜為什麼陰魂不散。范姜改口說那個女生其實不是他的女兒，是他大學時期的女友，兩人 2020 年分手了，但是前女友不願放下，找了閨蜜對他設下仙人跳，後來拿著他的裸照和影片威脅他不能再交女友，還要他拿出 200 萬的封口費，並且要求以後所有社群的大頭照都只能放兩人的合照，所以現在他每個月都要分期賠償 4,500 元。范姜強調自己對乖乖是真心的，只有欺騙年齡和前女友的事。

小蔓又把范姜狠狠罵了一頓，乖乖竟然開始覺得范姜很可憐，小蔓氣炸了。

當天晚上，范姜故技重施，先是自言自語了一陣，說他的阿嬤生病了，還說他趁著去林口長庚探病的空檔跑去算命，原來算命那麼貴，花了他 1,000 元，月老還騙他乖乖是對的人，但是乖乖現在完全不理他了。接著開始埋怨上天：「老天爺啊，為什麼我的姻緣這麼坎坷，怎麼辦，到底該怎麼辦，我就喜歡怡君不行嗎？奇怪欸，幹嘛不幫我一下。為什麼怡君要長得這麼可愛，好煩又忘不掉，我的人生完蛋了。」范姜終於第一次叫對了乖乖的名字。

　　乖乖又心軟回應，范姜告訴乖乖，他準備帶她直接去戶政登記，他對天發誓他對乖乖是真心的，不然天打雷劈，也保證自己一定會變得更帥、更有錢、也更愛乖乖。他說他最大的缺點就是每天都想對乖乖色色，但是他有盡力在忍耐，其他的部分他要乖乖不用擔心。

　　乖乖問起范姜前女友的事，范姜說：「我是被威脅的，她把我綁在身邊控制我所有的社群網站，有病！妳很多事情不能只看表面，如果我們感情好，我就不會每天想妳想得要命，我想逃離她的魔掌，真的很痛苦，不只送她一台 80 萬的車子，還幫她開了美甲店，但是她要做不做的，不知道在幹嘛。我是鄉下小孩，心地很善良，不會欺騙妳的，以後我提款卡都給妳保管，我真的是個可憐人，好險有房子也有車子。妳可以儘管相信我，我如果到處亂搞，小鳥會爛掉，我只是個被前女友勒索的可憐人。」

乖乖竟然跟范姜復合了，兩人一見面，范姜就把乖乖緊緊抱住。他帶著乖乖去吃貴族世家，他說他爸過世前，兩人經常一起來用餐，貴族世家對他來說有特別的意義，只有重要的人才能一起來。他承諾以後每個月都會給乖乖兩萬塊零用錢，可是點餐時卻依舊指定乖乖點最便宜的就好。因為貪小便宜，范姜故意去自助吧拿了一堆根本不吃的東西，嘴巴卻喃喃說著自己是虔誠的佛教徒，不會浪費食物。

　　范姜聽說乖乖那陣子工作不開心，要乖乖把工作辭掉沒關係，他會養乖乖一輩子，只要乖乖努力把胸部升級成 E 罩杯就好。他說因為自己是孤兒，缺乏母愛，所以特別迷戀大胸部的女生，還說他要去買豐胸藥給乖乖吃。

　　乖乖向范姜坦承，其實小蔓不是自己的堂姊，而是公司同事，范姜開始對乖乖洗腦，他說感情是兩個人的事，以後不要再讓小蔓插手，還說小蔓應該是嫉妒，不希望乖乖太幸福，才會搞破壞。范姜要乖乖放心，前女友那邊他都已經用錢處理好了，原本想打官司，但是因為他在保養品界賺女人的錢，又是「坑妳」的頂級業務，公司業績幾乎都靠他和幾個主管在撐，如果被冠上性侵的汙名，影響很大。

　　范姜要乖乖陪他去辦新的手機門號，臉書帳號也會重新辦一個，以後乖乖想怎麼跟他打卡就怎麼打，想怎麼曬恩愛就怎麼曬。乖乖不懂，如果都已經和達成協議，直接解除和前女友的關係就好，為什麼要這樣大費周章。范姜說他怕麻煩，不希望被共同朋友發現，辦新的

比較好，也象徵自己重生了。為了讓乖乖安心，范姜故意把手機給乖乖看，他說自己真的已經痛改前非，手機桌布也換成了乖乖的照片；還給乖乖瀏覽他原先的臉書帳號，要乖乖放心相信他。

只能說賊星該敗，范姜一時之間可能忘了自己的女友很喜歡標記他，所以乖乖滑到了一堆兩個人曬恩愛的文章和合照，去年 10 月時，女友還開心發文：「謝謝你陪我度過第十個生日。」

乖乖終於看清楚真相，當天回家後，刪除了手機裡的 Kakao Talk。因為暫時還放不下，所以她在刪除手機裡所有和范姜有關的照片之前，先把檔案都傳到 LINE 的記事本。沒多久，范姜的 LINE 訊息就來了。

范姜：幹嘛傳那些？

范姜：我什麼都沒有了，傷害那麼多人。

乖乖：我以為你也封鎖我，傳完要刪手機，這樣就不會一直去看了。

范姜：不知道能說什麼了，就這樣，我自作自受。

乖乖：你不是還有女兒。

范姜：（傳了一張和女友的合照）

范姜：（又傳了另一張和女友的合照）

乖乖：你幹嘛給我看？

范姜：不要再說了，一切都是我自己爛。

范姜：什麼都失去了。

范姜：我是他女友。

乖乖：是喔。

范姜：是。

范姜：不要再說了妳們兩個，我自己的問題。

乖乖：我是想說沒分手嗎，因爲每次說的都不一樣。

乖乖：現在這裡面是有三個人嗎？

范姜：什麼叫沒分手？

范姜：我們在一起要十年了，妳知道嗎？

范姜：沒有搞清楚妳就給他騙，你們這樣做對嗎？

乖乖：（刪除記事本的相簿）

范姜：妳們都別再說了，都是我的問題。

范姜：刪掉也沒用我已全備份！

范姜：（傳了一張范姜裸身坐在飯店床上，一手握著龜頭，一手拿著衛生紙，對著鏡頭淫笑的照片）

范姜：白痴別再弄了。

范姜：（再次傳了范姜的同一張裸照）

范姜：我對不起妳們倆。

范姜：你對不起的只有我，你搞清楚！

後來范姜女友找到乖乖的 Instagram：「不要以爲妳沉默就可以當受害者，一個巴掌拍不響。」乖乖選擇不回應。她知道另一個女生受傷了，但是她又何嘗不是無辜的受害者。

一個其貌不揚的渣男，就這樣傷害了兩個美好的女孩。

對乖乖來說，那兩個月發生的一切，就像是一場惡夢，很多戲劇化的情節濃縮在很短的時間裡，發生太多不可思議的事，回想起來，還是難免會難過。她發現范姜女友把 Instagram 上所有的照片都刪光了，原先個人檔案有標註范姜，也移除了，可是幾天後又復合了，繼續高調曬恩愛。乖乖情緒很複雜，也慶幸還好只被騙了兩個月，自嘲自己真的遇到一個超會唬爛的傢伙。

在這個荒謬的故事裡，大部分的人應該從頭到尾頭都頂著問號，不能理解男的為什麼這麼會騙，女的為什麼這麼好騙。可是故事都是這樣發展的，如果乖乖的性格翻轉，范姜根本玩不下去。

警覺性稍微高一點的女生，打從范姜開口說一句話，應該都能發現此人滿口謊言。世界上沒有那麼多奇人異事，真正的有錢人也不會第一次見面就炫富，正常的男人也會怕遇到拜金女或金光黨。

渣男其實只有兩種，一種「靠臉」，一種是「不要臉」。帥的男生渣的時候不需要任何心機或技巧，只要不厭其煩地一直脫褲子就好；醜的男生不只要靠硬實力，也需要軟實力，無時無刻都要好說、歹說、胡說、亂說。說謊是會上癮的，越說越離譜，也越說越過癮，說到最後連自己都信以為真了。

像范姜這種要長相沒長相、要身高沒身高、要什麼缺什麼的醜渣男，唯一的生存之道就是「人不要臉，天下無敵。」乖乖真的單純也單蠢，范姜也是智慧型犯罪，很清楚要找哪一種女生下手，才不會徒勞無功。他編造的謊言集結起來成了一個大洞，反而讓他可以像哆啦A夢一樣自由來去。

　　誰會想到，原本只是下班後逛個購物中心，突然被攔路行銷，因為不好意思拒絕，收下了一小包試用包，卻換來一個大雷包。其實類似的保養品購物糾紛新聞上時常可見，雖然不一定會牽扯到感情，但是金額都很龐大。就像乖乖即便現在已經和范姜分手了，每個月還要固定繳信用卡分期，每期的帳單都會提醒乖乖那個賤人的存在。

　　我對於那種半路攔截推銷保養品的業務印象很差，他們的套路永遠同一套。就像范姜，他潛意識裡自認是保養品界的牛郎，只要嘴巴極盡討好，再搭配有意無意的肌膚之親，沒有女生最後不會掏出錢來，要是遇到再傻一點的，就可以成為他砲友。女生搞得自己人財兩失，他卻人財兩得。

　　不只女生，我也曾經看過一臉忠厚老實的阿宅，被這種保養品櫃姐阻街纏上，下一秒就被帶到小空間詳談，接下來會發生什麼事，大家都心知肚明，如果櫃姐有點姿色或手段，阿宅可能要吃土好幾個月，甚至還會開始有感情困擾。

要避免這種麻煩並不難，不管面對什麼事情都一樣，不想就是不想，本來就有拒絕的權利，不要聽信「走過路過，不要錯過」這種讒言，遇到范姜之流的推銷員，「走過路過，快點閃過」就對了。

以范姜來說，一開始他自建的人設就漏洞百出：小時候被棄養到孤兒院，是阿嬤到孤兒院把他找回來。後來經歷了生媽乳癌過世，生父也因肝病去世，他自己因為長年在外當領隊，懷疑妻子不忠，所以請徵信社調查，發現前妻經常跟一位男性出入汽車旅館，甚至還在家裡的監視器拍到前妻和小王偷情。離婚後，獨自扶養 15 歲的自閉症女兒。通常第一次見面就自述如此戲劇化的悲慘人生，九成九以上都是假的；第一次見面就給人看存摺的，肯定也是居心不良，不是想要騙錢，就是想要騙身體，沒有其他了。

還有，一開始就希望對方低調交往，理由是「等感情穩定一點再讓別人知道」，相信我，這句話絕對是狗屁，會做出這種要求的人，一定有著不可告人的秘密，因為感情最穩定的時候，通常都是關係一開始的時候。乖乖也坦承，她其實一直隱約覺得不對勁，卻刻意忽視，或許是因為害怕面對真相後，關係就結束了，自己又要回到一個人的狀態；也或許是害怕承認自己竟然蠢到被這種貨色的渣男一騙再騙，甚至還心軟復合了兩次。一個男人連年齡、感情狀態都能騙了，還有什麼不能騙？

渣男詐騙時都會有一些相似的行為出現，像是指著某棟豪宅說是他的房子，或是畫大餅說，幾年後計畫退休，打算帶著妳一起環遊世界。當妳質疑他是否有其他感情的時候，他會大聲嚷嚷：「我們明天就去登記結婚。」要是妳繼續執著妳在意的不合理，他就會說妳有憂鬱症或躁鬱症。反正就是死的都能說成活的，黑的都能說成白的。

　　范姜絕對想不到，那個在他眼中膽小又無害的乖乖，竟然會勇敢地把故事公開。乖乖自嘲自己被騙財又騙色，家裡堆了一堆保養品，還有一些寄放在櫃上，不知道要用到何年何月何日。這次她被迫學到了，感情裡精明多一點，受到的傷害就會少一點。

　　至於范姜的女友，只能祝福她有一天能學會斷捨離。雖然十年很長，但是人生更長，已經浪費一個十年了，就不要再把其餘的人生賭進去。真正好的愛情不是表演，很多在社群上大曬恩愛的情侶，關係其實早就殘破不堪。

　　范姜一直自豪自己的人生經歷豐富，應該出書的，恭喜你願望達成。不用謝我了，我只是替天行道。別忘了把這本書買回家收藏，它可以讓你名垂千古，非常值得成為你的千萬本藏書之一。

2

歡迎光臨我的極樂砲房
——砲房最多獎

我一直以為身高 170 公分以下的男生市場很小，甚至沒有市場，我錯了，而且大錯特錯。

　　曾男，桃園人，1985 年生，牡羊座，身高 163 公分，體重 56 公斤。不要懷疑，你沒有看錯，我也沒寫錯，這真的是男生的身高體重，不是女生的。他是一家室內裝修公司的負責人，接案地區遍及桃園、中壢、大溪、八德、內壢、台北、新北等地；約砲範圍更廣，哪裡有砲打就往哪跑。因為有木工專長，同時也做房地產投資。原本開了一台退役的娃娃車上工兼把妹，為了讓自己脫離幼幼班形象，入手了一台二手保時捷裝闊。根據前女友還有砲友的雙重認證，曾男衛生習慣不好、夏天都可以三天不洗澡，整顆油頭非常臭。

　　曾男外表看起來非常忠厚老實，因為有嚴重自然捲，頭髮沒整理時，很像戴了眼鏡的麥當勞叔叔；為了改善麥克風髮型，特地跑去離子燙，但是沒多久，長出來的頭髮就會把下方燙直的頭髮撐起來，變成一顆大香菇，除了喜感之外，沒有半點渣男感。

　　第一次看到曾男照片時，以為他戴了假髮。前女友小月哈哈大笑：「假髮還那麼醜？哪裡買的啦……妳不要看他這樣，他香菇時期的砲友超多的！」

　　童顏巨乳的小月，今年 41 歲，雖然比曾男大 4 歲，看起來卻像 20 多歲的小女生。她的個頭很嬌小，皮膚像雪一樣白，身材膨皮膨

皮的。雖然 17 歲時雙親相繼過世，7、8 年前也被診斷出罹患了婦科方面的癌症，面對人生還是充滿正能量。她的笑聲充滿魔性，光聲音就能渲染快樂。曾男的爸媽很喜歡小月，覺得她是曾男的賢內助。

因為從事教職的關係，小月根本沒機會認識新對象，每天接觸的不是鮮肉學生，就是臘肉家長，3 年前，感情已經空窗 7、8 年的她，第一次玩交友軟體認識了曾男。小月覺得曾男跟交友軟體上的其他男生不一樣，不聊性也不約砲，是個正經的人。因為聊得來，兩人交換 LINE 開始每天語音聊天，跟小月講話時，曾男緊張時還會口吃。見面後曾男馬上跟小月告白，臉書也主動掛上和小月穩定交往中；隔天就帶著小月參加朋友的喜宴，也去見了自己的父母。

曾男在桃園某條很春天的路上買下了一棟樓，把二樓到四樓改成套房出租，自己和小月住在五樓。小月以為自己遇到了對的人，不只照顧曾男的生活起居，也幫忙處理一些工作事務。

2020 年 11 月 2 日，小月意外發現了曾男和二樓租客葉小寧的臉書對話，葉小寧還傳了好幾張自己的胸部裸照還有陰部特寫給曾男。她不顧男友感受，也不在意小月的存在，明目張膽地和曾男多次約砲，還問曾男：「你都不怕被女友發現喔？」曾男還會趁著小月去上班時，把葉小寧叫到五樓打砲。因為性需求很大，葉小寧長期掛在網站上尋找新的砲友，她和曾男也是透過交友軟體認識。因為她失業沒錢付租金，曾男提供套房讓她住免費的。小月不敢置信，在她眼中，

曾男是個不會亂來的人，小月吵著要分手，曾男也哭求原諒，還當著她的面把葉小寧趕出套房。

面對男人第一次犯錯，幾乎所有女人都會選擇寬恕。小月第二天用曾男電腦幫忙管理收租時，臉書突然跳出一則訊息：「我跟你說喔，牡羊座的跟我很合…」小月覺得怪怪的，點開來看，帳號名稱顯示「曾俊銘」。小月滿頭問號，曾俊銘是誰？曾男改名前也不叫這個名字。曾男回家後，小月當面問他到底怎麼一回事，曾男無辜地說：「我也不知道，可能被盜帳號了。」

小月第一時間假裝接受曾男的說法，不動聲色再次打開曾男的電腦找真相，發現曾俊銘是曾男的臉書小號，大頭照還放了曾男和另外一個女生的親密合照。那個女生叫娜娜，她不停逼問曾男什麼時候要公開他們的關係？為什麼臉書主帳號都不加她好友？曾男謊稱主帳號是工作用的帳號，不方便私用。

小月記下娜娜的帳號，傳了訊息給她：「請問妳認識曾╳╳嗎？我是他女友。」當天晚上，兩個女生哭著通了整夜的電話，不知情的曾男早已躺在床上呼呼大睡。善良的小月沒有半點責怪娜娜的意思，她覺得娜娜跟她一樣都是受害者，女人不該為難女人。兩個女生相約出來見面，小月發現 167 公分、85 公斤的娜娜，有著一張漂亮高冷的臉蛋，長相和個性都跟自己很不一樣。

雖然知道曾男有女友，娜娜還是不想放手，她不停逼曾男做選擇，小月知道後也表態願意退出。曾男不想和小月分手，卻對小月提出了誇張的要求，他希望小月臉書上先撤掉跟自己的穩定交往狀態，然後給他 14 天的時間，讓他好好跟娜娜談戀愛也好好說再見。14 天裡，曾男和小月還是維持同居狀態，曾男如果當天想和娜娜在外過夜，也會光明正大地向小月報備。另一方面，曾男騙娜娜已經跟小月分手了，為了向娜娜證明所言不假，曾男趁著小月上班時把娜娜帶回五樓打砲。娜娜發現小月的東西都沒搬走，興師問罪地找小月嗆聲：「你們都分手了，東西為什麼還不帶走？小狗也不帶走？」為了配合曾男演戲，小月竟然跟娜娜說：「我跟他在一起那麼久了，東西很多，至少給我一點時間吧。」

小月從娜娜的社群發文發現，曾男一直都在玩兩面手法，讓娜娜相信曾男真的已經分手了。小月再次主動找了娜娜，希望娜娜可以看清楚真相。14 天的期限一到，曾男選擇結束和娜娜的關係，回到小月身邊。娜娜希望分手前大家可以約出來唱歌，當天曾男帶著小月、娜娜帶了另外一個男生，情況跟分手砲一樣讓人難以理解。

後來曾男換手機，要求小月幫他把資料備份到新手機。為了一窺曾男先前 LINE 的對話紀錄，小月刻意把舊手機轉成飛航模式。她發現除了葉小寧和娜娜之外，還有另一個叫林小蒲的肉肉女，她們都傳了非常私密的照片跟曾男分享，裡頭還有多張雙腿打開，露出陰部的裸照。小月一直有寫日記的習慣，從曾男和那些女生的對話中，比對

出好多曾男的謊言。小月徹底崩潰，曾男再次哭求她原諒。因為曾男是小月第一個同居的對象，而且爸媽過世後，曾男就像是她唯一的家人，她決定再給曾男一次機會。

2021 年 5 月，小月抽到社會住宅，曾男主動要求搬去一起住，當時兩人已經論及婚嫁，曾男還當著小月的面把所有交友軟體刪掉。因為曾男的臉書主帳號用的是本名，約砲時也不避諱讓對方知道他的真名，外面睡過的女人很容易就能找到曾男的帳號，也能間接發現小月的帳號。一個住在台北淡水的女生就曾善意私訊小月，提醒小月要多留意曾男在外頭的行為。她坦承自己曾經和曾男交往，後來發現了小月的存在，就不再和曾男往來。

2022 年 2 月，一個叫詹小軒的女人找上門，還約了小月見面。兩人碰面時，小月嚇了好大一跳，胸前有一整片刺青的詹小軒，身高逼近 180 公分，體重 120 公斤，身形非常龐大，簡直是曾男的兩倍。幾乎可以想像曾男和詹小軒交疊的畫面，就像曾男參加重量級舉重，詹小軒參加羽量級舉重。

今年才 20 歲的詹小軒雖然親暱地對著小月「姊姊」、「姊姊」叫個不停，講的話卻充滿低級酸：「姊姊，妳比曾╳╳大四歲喔，那妳年紀跟我媽差不多耶。」

詹小軒的出現讓小月心死，她告訴詹小軒，如果她真的想跟曾男

交往，她願意成全。詹小軒雖然嘴巴說：「不要啦，他那麼渣。」心裡卻另有盤算，她很清楚自己體態上的優勢，不管有沒有懷孕，外觀看起來都一樣，所以準備啓動她的假懷孕計畫。

曾男雖然口頭承諾不會再跟詹小軒往來，4 月時卻突然問小月：「妳都沒辦法懷孕，介不介意收養一個小孩？」小月不解，剛交往時，曾男就說過自己不喜歡小孩，生不生都沒關係，怎麼態度突然改變。曾男說：「我覺得我還是需要一個繼承人。」小月告訴曾男：「收養我應該不行，我覺得我沒辦法愛那個小孩，是你外面女人的種就更不用說了，如果你都把人家搞大肚子了，就去跟她在一起就好，幹嘛丟給我養？」

曾男以確診爲由，搬回自己的獨棟出租套房，之後就不太回社會住宅的家。他問過小月要不要搬回去跟他一起住，小月拒絕了，因爲跟曾男的套房比起來，社會住宅的環境和機能都好太多了。

6 月 22 日，兩人原本說好要一起慶祝交往三週年，當天曾男卻臨時說要改期；6 月 25 日，小月一整天都找不到曾男，原本擔心曾男會不會發生什麼意外，卻赫然發現曾男臉書已經改掛和詹小軒穩定交往中，那一天正好是詹小軒的生日。

曾男的爸媽也發現不對勁，急著問小月到底發生什麼事？他們一直以爲詹小軒只是套房的租客而已，怎麼突然變成兒子的正牌女友。

兩老對小月感到很愧疚，自從大兒子火災去世後，他們對曾男的過度溺愛讓他變成現在的樣子。小月恍然大悟，原來詹小軒早就侵門踏戶入住曾男的獨棟套房，曾男之前要求小月搬回去，目的是希望展開第二回合的獨棟砲友管理。

小月私訊痛罵詹小軒：「你們這一對賤人！」詹小軒一改先前的友善態度，換上另一副嘴臉，改口叫小月阿姨：「阿姨，我的妹妹粉紅色的，妳呢？」還說：「這位阿姨，有選擇權的是曾╳╳，他今天就是選擇了我，不要妳了。他當然要我囉，因為我生得出來，妳又生不出來。」詹小軒甚至把小月的臉書帳號截圖發在自己的Instagram，還配上文字：「這位阿姨，妳好兇喔，妳這麼可憐身體又這麼差，他之前跟妳在一起都是因為同情妳啦！」

小月打給曾男，要他管好自己的女友，曾男卻說：「什麼新女友，她不是我新女友啦，妳冷靜啦，不要想太多，那個穩定交往只有她看得到而已。」

詹小軒假懷孕的事情終究還是被曾男發現了，曾男開始逼詹小軒快去上班，不要再當無業遊民，成天只知道爽爽地吃他的、喝他的、睡他的。

小月不解這年頭為什麼小三都特別猖狂，每個都會主動找上門向她炫耀曾男對她們有多好，最後再丟下一句：「他說他不愛妳了，妳

為什麼不放手？」

　　詹小軒在曾男的 Instagram 上發現了一篇曾男之前寫給小月的文章：「我離不開我女友，因為我實在忘不了她的笑。」於是詹小軒開始模仿小月的笑容，買了和小月一樣的眼鏡，學小月別上亮晶晶的髮夾，也開始做飯給曾男吃，甚至幫忙打掃整棟出租套房，把自己變成小月的複製人。可是體重足足多了兩倍，恐怖也加倍。為了不讓曾男隨時感覺「忽有龐然大物，拔山倒海而來」，詹小軒走小鳥依人路線，對曾男講話總是輕聲細語，還撒嬌地跟曾男說：「你看，小月做的我也可以，我也幫你很多喔！」

　　詹小軒一開始接近曾男就有目的，她一直以為曾男是超級有錢人，還告訴媽媽自己釣到了一個金龜婿。詹小軒她媽也是別人的小三，道德感一樣低落，不避諱地在女兒臉書下方留言：「恭喜妳找到一個有錢人，以後等妳養我喔！」

　　這時又有一個叫「張魅娘」的女生跑出來，身高大約 150 公分出頭，體重 95 公斤，也是 2022 年 2 月透過交友軟體和曾男勾搭上，發展成砲友兼事業夥伴的關係。張魅娘自稱家裡是很有錢的豬肉中盤商，所以曾男會找她一起去看不動產物件，希望她能成為自己的人頭。張魅娘對自己很有自信，聲稱過去曾和某個已婚議員不倫，還沾沾自喜成功介入人家家庭，那個議員到現在對她還念念不忘，經常用粉絲專頁的帳號幫她的發文按讚。

張魅娘三不五時就跑來跟小月炫耀跟曾男發生的一切，要小月快點讓位。小月這才知道曾男 3 月 23 日生日當天之所以不見人影，是跟張魅娘約會去了。張魅娘警告小月，為了得到她想要的男人，玉石俱焚都沒關係，當初她就為了逼退議員的老婆，跑到對方家裡大鬧。如果小月希望自己長命百歲最好快點退位，因為她去桃園中正路附近算過命了，算命師告訴他，正宮身體很不好，只要一直逼一直逼，就可以把她逼死。

詹小軒和張魅娘這兩個女人都知道彼此的存在，卻很有默契地把矛頭指向小月，對她們來說，先把正宮逼走才是當務之急，如果有多餘的時間再跟對方纏鬥。她們開始對曾男洗腦，指控小月根本是詐騙集團，要曾男別再當冤大頭分擔社會住宅的費用。

自從曾男不再回社會住宅的家以後，因為沒有小月幫忙管帳，再加上曾男幾乎把時間都拿去約砲，木工案子都被之前的學徒接走了，財務出了狀況，每個月都入不敷出，社會住宅的一半房租對他來說成了很大的負擔。曾男開始聽信讒言，打了一通電話把小月罵了一頓，指控小月都在利用他。小月覺得曾男不只小頭爛了，大頭也壞了，到底誰在利用誰？之前小月曾用曾男的自然人憑證調閱他的聯徵紀錄，發現曾男負債高達兩三千萬。後來他又想投資房地產，可是手頭現金不足，企業紓困貸款又辦下不來，就把腦筋動到小月身上，要求小月當他的連帶保證人。一開始小月以為只是簽個名讓銀行照會就好，直

到銀行把她叫去對保，她才知道如果曾男要賴不還錢，她就必須承擔債務。詹小軒搞不清楚狀況，以為當男友的連帶保證人是一件很幸福的事，特地跑來對小月嗆聲：「當個連帶保證人了不起喔，不要拿這個綁架曾╳╳好嗎，連帶保證人我也可以當喔！」

小月不忍了，對著曾男怒吼：「到底誰在利用誰？我還是你的連帶保證人，你罵我幹嘛？我有跟你要求過什麼嗎？之前社會住宅的錢也是你自願出一半，我有逼你嗎？從頭到尾都是你外面那兩個死胖子在鬧，關我屁事。可不可以叫你外面的那些妖魔鬼怪不要一直來煩我，我很忙，每天搞小孩的功課已經神經衰弱，那些死胖子自己不用上班，一天到晚 LINE 個不停，當我很閒喔。」曾男被電得啞口無言。

小月醒了，她知道曾男不可能收手，只會越玩越大，也把外面女人的性病帶回來。2020 年 5 月，小月才因為曾男，先是感染尿道炎引發腎臟炎，沒多久皰疹症狀出現，下體冒出了許多小水泡，接著病毒上腦，整張臉都歪了，被醫生診斷是「貝爾氏麻痺」。而且她和曾男已經三個多月沒有住在一起，距離拉遠了，讓小月可以冷靜回顧過去，發現過去三年多的日子裡，不快樂遠遠多於快樂，決定徹底切斷了和曾男的關係。

因為從葉小寧開始、緊接著娜娜、林小蒲、張魅娘、詹小軒，每一個都超級大隻，套句小月的說法：「一胖還有一胖胖。」小月問過曾男：「欸，我這麼正，胸大、屁股翹、皮膚白、腰是沒有細啦，

但是跟外面那些女人比起來根本是極品吧，還是你比較喜歡胖的女生？」曾男否認，他說女友絕對不可能找胖的女生。

　　小月後來發現，光靠交友軟體上的照片的確分辨不出胖瘦，每個女生都是修圖高手，照片和本人的相似度趨近於零。只是曾男對於打砲對象真的不挑，而且他自知自己真的太矮，所以和胖胖妹們見面後，還是可以保持善意和對方好好聊天，不像其他男人不是當場走人就是面露嫌惡。曾男的善意讓他成了「胖妹殺手」，胖胖妹都會愛上他。小月當年也比現在胖了 20 幾公斤，所以她可以理解胖胖妹的心態，對她們來說，曾男的出現就像男神降臨，當然要緊抓不放。至於曾男，因為他的目的性明確，就是要打砲，久了以後自然玩出心得，知道哪種女生比較好下手，最後才會發展成約砲對象都是胖胖妹。簡單來說，這是雞生蛋、蛋生雞的邏輯。

　　小月可能有「斯德哥爾摩症候群」，對於曾男的野砲史，她沒有太多責怪，反而覺得那是曾男對她的一種愛的表現，也是在保護她的身體。因為罹患婦科癌症的關係，小月需要長期吃藥控制，藥物的副作用降低了她的雌激素，讓她失去性慾。再加上曾男之前曾經害小月感染皰疹，所以曾男不會逼她做愛，兩人維持佛系同居已經一年多了。只能說小月把人性想得太善良，如果曾男是真的愛她，就不會在外頭跟一堆女生進行下體交流；回到家後他的下體之所以完全進入停機狀態，應該是因為在外吃太飽，畢竟他在外頭都吃得很肥美很滋潤，撐都撐死了，回家哪裡還有食慾。

小月猜測曾男一直在外亂搞，其中一個原因是對自己的陽具尺寸很自豪，兩人第一次發生關係時，曾男一邊做一邊問小月：「我很大對不對！」小月以為自己聽錯了，「蛤」了好大一聲，曾男不死心又重複問了好幾遍。小月心裡的答案是：「呃…還好吧…」但是不想失禮，只好口是心非地說：「大啊。」後來外頭那些胖胖妹更是讓曾男信心高漲，她們用過後一致說好，還稱讚曾男的陽具又粗又長。小月覺得應該是因為胖胖妹之前的男友也是胖胖國的人，胖胖男的陽具因為都被肚子的肥肉遮住了，看起來自然比較短。

　　小月發現，原來很多胖胖妹都很愛約砲，而且很有市場。她的美甲師和美睫師也是屬於無敵肉感的女生，她們都跟小月說：「我朋友超愛跟我打砲的，他們都說，跟胖的女生打砲很舒服，啪啪啪的聲音讓他們超爽的。」

　　2022 年 10 月，失聯已久的曾男藉故和小月聯絡，身段放得很軟，他聽說小月的機車壞了，主動要把自己的送給她。小月不確定曾男是不是在等她開口復合，但是她知道不能再回頭了，垃圾既然有好心人搶著回收，就不要弄髒自己的手。

　　其實最早來爆料曾男渣行的，是故事裡的另外一個女生娜娜。

　　2021 年 9 月，娜娜私訊告訴我她在交友軟體認識了一個海王，

除了檯面上的正牌女友之外，海王後宮還有小三、小四、小五……那個海王就是曾男。剛認識時，她覺得曾男是個正派的人，沒有豬哥感。第一次見面時，168 公分的娜娜覺得 163 公分的曾男好迷你、好可愛。因為之前練過重訓，娜娜說，把曾男扛起來對她來說根本是一片蛋糕，甚至轉圈圈都沒問題。

為了營造單身的形象，曾男告訴娜娜，他很清楚自己的條件不是很好，家人都問他要不要乾脆娶外配算了，但是他還是想跟台灣人在一起。娜娜當時覺得曾男老實不油膩，又有穩定的工作，相處起來也沒有壓力，再加上兩人都喜歡搜集水晶、龍宮舍利、古董、古物之類的東西，有很多話題可以聊，漸漸地越走越近，一個多月後開始正式交往。只是曾男的臉書一直不肯加娜娜好友，他宣稱那是工作用的帳號，不方便私用，為了解除娜娜的疑慮，曾男特地辦了一個小號，讓娜娜可以曬恩愛。

11 月 2 日是娜娜生日，曾男白天開著黃色娃娃車載著娜娜去工地看他施工，晚上帶娜娜回自己出租套房。因為三樓套房空著，曾男物盡其用，把空套房當成 Hotel，讓娜娜留在那裡過夜。娜娜不懂，為什麼不直接去曾男五樓的家就好，曾男說，因為住處堆滿了工作用的雜物，等他整理好之後再帶娜娜上去，他想給娜娜好印象。

那個晚上，曾男很忙，不停進進出出、跑上跑下。一下說房客的電視盒壞掉他要去處理，一下說姪子帶了不良少年回來過夜，他不放

心要去看看。每次都失蹤近兩小時才出現，待了差不多兩小時後又會藉故暫離。娜娜和小月認識後，兩人一比對才知道原來娜娜生日當天發生了好多事：五樓的小月因爲抓到曾男偷吃二樓的葉小寧跟曾男大吵；爲了給娜娜一個浪漫的生日夜，曾男趁著吵架空檔回到三樓跟娜娜打砲；完事後，爲了給小月一個交代，他必須把二樓的葉小寧驅離。一個人可以爲了偷吃把自己搞得這麼累，也是很不容易。

娜娜後來不定期就會到曾男三樓的套房過夜，曾男手機總是不離身，還會一直接到電話。有一次曾男接到一通電話，接起來馬上不耐回了一句：「幹嘛！」接下來娜娜就聽到電話另一頭有一個女生大吼：「幹嘛？你再大聲一點啊，曾╳╳是臭雞雞，你不用開擴音，旁邊的女生也知道你臭雞雞了！」掛掉電話後，曾男謊稱是客戶，因爲有點糾紛，才怒罵他。那通電話，其實是小月打的。

娜娜說，她跟曾男的交往就跟一般情侶一樣，沒有異狀。只是曾男特別喜歡跟娜娜索討限制級的照片，會一直撒嬌直到娜娜就範。有一次娜娜跟曾男條件交換：「好啊，可是我要先看到棒棒。」曾男眞的拍了棒棒特寫傳給娜娜。對命理有點研究的娜娜發現曾男生殖器上有一顆痣，她佩服老祖先的智慧，生殖器有痣的男人果然性慾特強。

直到小月找上娜娜，娜娜才發現原來自己只是曾男的眾多砲友之一。曾男仗著自己是室內裝修工作室的老闆，時間彈性，平時都利用女友上班的時候，出沒於各大交友軟體。爲了輕鬆騙砲，他專挑胖

的、奶大的、長得不怎麼樣的女生下手，謊稱自己單身，不停稱讚對方這麼正怎麼可能沒有男友？被曾男挑上的女生，最後都會整個人陷進去。

為了約砲路上更加無往不利，即使已經負債千萬，曾男買了一台二手保時捷，還戴萬寶龍眼鏡、噴萬寶龍香水、也收藏了幾只勞力士。就算身高無法拉高，至少身價可以抬高。

娜娜很感激小月對自己的善意，雖然她很喜歡小月，但是她還是放不下曾男，她認為只要小月跟曾男能分手，她就可以名正言順跟曾男在一起。可是小朋友才做選擇，渣男當然什麼都要。曾男不停安撫娜娜，告訴娜娜她才是他的今生最愛，他對小月早已不愛了，還讓娜娜以為小月是個腦袋不清楚的神經病，三不五時就亂罵人。但是因為小月身體不好，家人都過世了，他覺得自己有義務照顧她。另一方面，曾男卻告訴小月，他還是想跟小月在一起，可是娜娜一直死纏爛打，他希望小月給他一點時間處理跟娜娜的關係，才不會鬧出人命。

三人行的日子裡，曾男曾要求娜娜當他不動產投資的人頭，小月知道後，苦勸娜娜不要被愛沖昏了頭，不要跟自己一樣傻，成了曾男的連帶保證人。

2021 年 2 月，娜娜的陰道分泌物開始發出恐怖的惡臭，味道很像腐壞的魚腥味，讓她全身上下都散發著魚屍體的味道。後來她去婦

產科檢查，才知道自己感染了滴蟲。醫生告訴她，滴蟲通常都寄生在男性的前列腺，透過每一次射精把滴蟲的卵排到女生的身體裡。娜娜把曾男騙到醫院看診，但是曾男死都不肯脫褲子讓醫生檢查，矢口否認娜娜的性病跟自己有關，一口咬定是娜娜自己亂搞，還把滴蟲賴給他。這次事件後，兩人徹底決裂。

像曾男這樣可以搞到「套房是砲房，砲房是套房」，也是傳奇人物一枚，一棟套房多種用途，不只能收租金賺錢，還能省下開房間的錢，因為 Hotel 就是我家！

第一次知道這個故事時，我一直執著於曾男的身高，雖然用身高來評判一個男人很膚淺，但是我還是無法相信一個身高 163 公分的男人可以讓一群女人搶成那樣，如果曾男有 183 公分，一切會比較合情合理。雖然郭富城的身高據傳才 165 公分左右，但是至少他的臉是郭富城，財富也很郭富城。

有趣的是，不管是小月或娜娜，在發現曾男的渣行之前，她們都相信曾男是一個正派又老實的人。但是《倚天屠龍記》裡頭張無忌就說過：「不光是漂亮的女人不能相信，貌似忠良的男人也不能相信！」外表看起來越無害的男人，骨子裡可能都藏了劇毒。

曾男的行徑顛覆了很多人的認知，為了可以輕鬆找到打砲的新鮮貨源，他專挑無業又身材豐腴的女生。因為無業，才能配合他白天打

砲；因爲過分豐腴，才不在意曾男的過度矮小。那些女生不知道是爲了愛奮不顧身，還是躲在修圖美照後久了，每一個都自信破表，遇到正宮時個個都展現出「搶糧、搶錢、搶爺們」的超強氣勢。

小月問過曾男，爲什麼要一直在外面亂搞，他到底有沒有眞心愛過一個人？曾男的回答跟很多劈腿成性的男人一樣，宣稱都是因爲以前被前女友背叛，後來才會透過不停偷吃來報復。有些女生願意接受這樣的解釋，但是這答案的邏輯完全狗屁不通，冤有頭債有主，爲什麼要找無辜的人復仇？而且像這種遊走於衆多女人間的渣男，他們都有高明的手段，讓牽連的女人們彼此仇視，自己就能從主戰場全身而退，留下女人們自己拼個妳死我活。

如果妳的另一半是公司負責人，請務必隨時保持高度提防，因爲公司負責人跟跑業務的男人一樣危險，他們都有一個相同的特點，就是時間自由。只要把時間切割成「上班時」和「下班後」，妥善切換「白天約砲、晚上裝乖」兩種狀態，另一半通常很難察覺異狀。不管妳的另一半表現得多麼的溫良恭儉讓，或是看起來根本不近女色，還是要保持警戒，不要過分相信眼睛所看到的東西。每段關係裡，隨時都要保有 FBI 的特質，但是如果一個男人需要妳隨時進入 FBI 狀態，那麼這個人完全不值得交往。

以前經常聽說，很多情侶會爲了臉書上要不要掛上穩定交往而爭吵，現在看起來，這種爭執其實沒有半點意義，就算對方願意跟妳掛

上穩定交往也不代表什麼，因為他可以設定交往狀態只有當事人看得到，也可以開很多個帳號，同時跟很多女生穩定交往中。

社群時代，不要輕易相信每個人臉書上的人設，娜娜就說過，曾男的臉書上充滿了各種勵志文、正面文、能量文，偶爾還會走一下假掰的文青路線。他最近才更新了一篇文章寫道：「我天生不是很擅長交際，喜歡默默地在後面支持有能力的人 ... 就留下善的意念就好，這樣人生就圓滿了。」不知道曾男對自己是不是誤會了什麼，還是自我認識不足，他在床上跟陌生人的交流明明就很頻繁，非常擅長跟不同人交際也交配。小月也提過，之前她為了幫曾男塑造優質暖男的形象，都要努力隱藏負面情緒，配合曾男在臉書上大曬恩愛，但是偶爾還是會忍不住抒發抓到曾男偷吃的心情，曾男發現之後反應都很大，擔心壞了形象。

我已經在「渣男動物園」粉絲專頁說過很多次，就算妳再無聊，也不要玩交友軟體，不然就等於掉進了糞坑裡。如果妳真的很期待有段浪漫的邂逅，建議妳多睡覺，因為夢裡什麼都有，我都是透過睡覺來建立和孔劉、鄭敬淏、朴寶劍、南宮珉的連結。

小月第一次玩交友軟體就碰上如此經典的人物，從此對交友軟體敬而遠之；但是娜娜還是不信邪，繼續在上頭尋找對的人，無奈還是連續遇到渣。一個是長相斯文帥氣的黑二代，特種部隊退役，聽說警察刷他的身分證還會顯示「甲級流氓」，一不小心就可能失手把人打

死。他在得知娜娜懷孕後，把娜娜載到婦產科診所就從此消失；另一個是和娜娜以乾哥乾妹相稱，卻持續發生不倫關係的人夫。妳說娜娜是運氣不好嗎？當然不是，垃圾堆裡真的找不到王子，大便裡也不可能撈到鑽石，只會把自己弄得滿身臭而已。

現在的小月日子過得很自在，不會再被一堆胖胖妹騷擾。雖然她不知道能不能遇到下一個對象，但是她看得很開，只要經濟獨立，男人就只是選配而不是標配。女生過了 40 歲以後，真的不要亂談戀愛，說什麼都要寧缺勿濫，反正都已經單身那麼久了。在遇到對的人以前，繼續保持單身至少能維持目前的生活品質，千萬不要被年紀綁架。雖然篡位成功的詹小軒之前一直攻擊小月的年紀，但是實際看過所有相關人等的照片之後，我必須說，41 歲的小月是裡頭看起來最年輕的，20 歲的姑娘詹小軒看起來比小月還顯老，甚至還撞臉館長。

胖沒有不好，沒有任何人有權利歧視胖子。但是胖要胖得健康，身體、心理都是。詹小軒愛攻擊別人年紀的行為，其實就跟別人嘲笑她是死胖子一樣低級沒水準。

為了慶祝自己的重生，小月跑去拍了單人婚紗，她相信就算以後都只有自己，她也能過得很好。接下來進入廣告時間，看過我的第一本書《等待加一，或者不：我和她們的單人婚紗故事》嗎？如果還沒，推薦給每個正為了錯愛而痛苦，或是為了單身而焦慮的妳。如果妳也想擁有屬於自己的單人婚紗，歡迎來找我，不管在台灣拍，或者想去

韓國拍都可以。

　　最後請記住一件事，當妳發現男人犯下了滔天大錯，一次機會都不要給，因為狗改不了吃屎，下一次他只會躲起來吃得更小心。失望這種事，從來只有零次和無限多次的差別。也奉勸那些愛當小三的無良女，主動追求自己想要的東西沒有不對，但是如果覬覦別人手裡的東西，暗著來叫偷，明著來叫搶，不客氣地說，妳不只不要臉，還很賤！

3

聯發科的紅色內褲
——情趣用品收藏獎

「聯發科」的科技新貴會讓你想到什麼？多金、高學歷、開名車，住豪宅？這個故事可以完全顛覆這種刻板印象，以後當你再聽到「聯發科」時，只會想起那件傳說中的紅色內褲。

吳男，台中大里人，現居竹北。英文名 M 開頭（不完全揭露是因爲之前曾經分享吳男的事蹟在粉絲頁，當時很多聯發科員工透過內部系統搜到吳男本人），1981 年生，射手座，179 公分，中字輩博士肄業，自帶一種斐陶斐的優越。長相中上，但是眼露兇光，還有一點下三白，看得出來情緒不太穩定，個性有點陰沉。

吳男有兩個臉書帳號，主帳號由他的英文名和姓組成，公開發文看起來是個帶有亡國感的愛台灣好青年，喜歡評論時事；但是小帳號「Sunkiss Love」一看就像假帳號，上頭除了沒有露臉的內褲自拍照之外，其他都是出國、美食、五星級飯店、賞車中心的分享，就連自我介紹看了也覺得很有事：

外貌 / 談吐 / 腦袋皆不差
襯衫 / 淡香 / 質感小物 / 飛行 & 旅行
極度討厭無腦人

海島 / 歐洲 / 古堡 / 跳傘
飯店控 / 泡澡
展覽 / 時尚 / 美食

2020 年 11 月，KiKi 突然收到 Sunkiss Love 的臉書訊息，劈頭就稱讚她：「妳好有氣質，好漂亮！」KiKi 第一時間覺得不只帳號名字看起來有點詭異，就連大頭照也放了一張身穿紅色緊身內褲的自拍照，所以 KiKi 只是禮貌性地說了謝謝，沒有同意吳男的交友邀請。

吳男沒有放棄，持續找話題和 KiKi 閒聊。KiKi 問吳男為什麼都不放露臉的照片，吳男沒有正面回答，只說：「妳出來跟我吃飯，就知道我長怎樣了。」吳男開始每天定時傳送關心，偶爾也會傳語音訊息問候，聊著聊著，KiKi 發現吳男也住新竹，兩人不只聊得來，也有共同興趣，雖然始終不知道吳男的長相，但是吳男聲音聽起來很正常，聊的話題也沒有偏差。在得知吳男任職於聯發科後，KiKi 覺得吳男應該不是來騙財的，開始慢慢放下戒心，也主動向吳男坦承自己是單親媽媽，吳男表示他不在意。

吳男試圖約 KiKi 出來，KiKi 一直找理由拒絕。一個多月後，KiKi 的手因故受了重傷，某天她人在高雄，準備趕回竹北的醫院看診。當時人在台中老家的吳男提議 KiKi 可以先搭高鐵到台中站跟他會合，他再載 KiKi 回竹北，KiKi 答應了。吳男開了一台黑色賓士 A180 出現，還紳士地下車幫 KiKi 開車門。因為吳男的條件超過預期，KiKi 心裡不禁起了疑惑：這個人條件不差，怎麼可能單身？

兩人接下來的相處就像熱戀的情侶，吳男在公開場合從不避諱和

KiKi 有親暱互動，所有出遊的行程也都由吳男一手規劃，而且吳男出手很大方，經常帶著 KiKi 出入高級餐廳也入住五星級飯店，從來不讓 KiKi 出半毛錢。

只是吳男從來沒有向 KiKi 親口正名：「妳是我女友。」這點讓 KiKi 很在意。每當她想要進一步確認關係，單親媽媽的身分還有專科的學歷都讓她卻步，潛意識裡，KiKi 一直覺得自己高攀了吳男。她甚至不敢開口問吳男的名字，總覺得一開始沒問，突然開口很奇怪，也怕惹吳男不開心。後來是吳男向餐廳報到時，她才得知吳男本名，也暗自背下吳男的手機號碼。

因為這年頭實在太多人利用假身分招搖撞騙，一開始我對於吳男的聯發科工程師人設心存懷疑。但是 KiKi 認為應該不假，因為平常日和吳男約會時，他都會掛著聯發科識別證。

吳男刻意營造工作忙碌的形象，聲稱自己每天都要加班，讓 KiKi 以為吳男在聯發科裡擔任要職。KiKi 不敢打擾他，每天只能被動等待吳男跟自己聯絡。交往過程中，兩人從來沒有即時通話，頂多互傳語音訊息；也從來沒有交換 LINE，臉書是唯一的聯繫管道。

後來兩人多次入住五星級飯店，KiKi 發現吳男半夜都會偷帶手機進浴室，不然就是坐在沙發滑手機。KiKi 的朋友都覺得吳男有鬼，她心裡也累積好多疑問，卻還是沒有勇氣問清楚，只能從吳男的臉書

尋找蛛絲馬跡。KiKi 赫然發現吳男的貼文按讚的都是女生，而且幾乎都是單親媽媽。

相處久了之後，KiKi 發現吳男雖然貌似大方，其實非常斤斤計較，兩人去的餐廳一定都享有美國運通卡買一送一的優惠。某次去寒舍艾美用餐，為了省幾十塊的停車費，吳男把車停在步行距離約 20 分鐘的停車場。入座用餐時，吳男才發現票券遺忘在車上。那天超強寒流來襲，KiKi 提議可以先刷卡，票券下次再使用，吳男還是堅持一定要回車上拿票券。就連日常生活吳男也有自己一套省錢之道，他認為使用五大電信很愚蠢，刻意選擇和遠傳共享基地台的 LINE 電信。

2021 年 2 月中，KiKi 發現吳男加入了「渣男渣女查詢社」，突然有一種不祥的預感，她不確定吳男加入社團是擔心自己被開副本，還是害怕遇上勢均力敵的渣女。KiKi 想起之前經常瞄到吳男瀏覽的票券買賣社團，申請加入後，開始地毯式搜索吳男過去的發文或留言。不到一個禮拜，KiKi 發現社團新增貼文的大頭照看起來有點眼熟，很快意識到那是兩人出遊時吳男拍的照片，點進帳號一看，果然看到吳男露臉的照片，原來這才是吳男的主帳號。

228 連假時兩人去台東玩，回程在普悠瑪列車上，吳男一直在滑臉書。KiKi 打開臉書即時通查看，上頭顯示吳男已經 12 個小時沒有上線。KiKi 想問個清楚，也想確認和吳男的關係，整個人顯得心事

重重。吳男察覺了 KiKi 的異狀，不但沒有開口關心，反而沿途擺臭臉。回到竹北後，吳男想先回家放東西，他完全沒有讓 KiKi 上樓的意思，要 KiKi 在住家大廳等待。KiKi 懷疑吳男家裡是不是藏了正牌女友，因為上回吳男載她暫回住家大樓時，她假裝尿急，但是吳男先是問管理員能不能外借廁所，後來帶著 KiKi 去外面店家借用洗手間。

　　雖然低氣壓持續籠罩，兩人還是一起去吃了吳男最愛的「春水堂」，吳男不只臉色難看，點餐時還故意摔筆表現不爽。KiKi 想自行搭車回家，吳男卻堅持送她回去，最後兩人一如往常地擁抱告別。

　　隔天 KiKi 鼓起勇氣傳訊息問吳男兩人到底什麼關係，吳男回：「女朋友啊。」下一秒，吳男瞬間大爆炸：「所以妳整路上都沒說話是因為這個？如果妳不說話就不要跟我出門。」吳男訊息開始不讀不回，KiKi 覺得彼此都是成熟的大人了，逃避不能解決問題，繼續透過訊息和吳男聯繫。吳男終於回應了，他劈哩啪啦罵了一長串：「我不喜歡花了時間準備出門，卻遇到一個都不講話的人，好像我要花時間、花精力，還要負責找話題跟妳講。請問我是司機嗎？我不喜歡被質疑，我很忙，但我花了時間準備出門的事情，妳卻在意一些無聊的小事，從頭到尾一直不講話。對，我沒話說了，就這樣，不用跟我爭論，因為我不想跟妳爭論。」從那之後，KiKi 再也聯絡不上吳男。

　　KiKi 臉書沒有被吳男封鎖，她往前翻閱吳男的舊文章，發現吳男先前分享的照片雖然都無人入鏡，但是從湯匙的倒影、鏡子的投

射、車身上的映影，還是能發現不同女生隨行。KiKi 想起之前每次兩人出遊，吳男都會發文分享，但是都會刻意避開 KiKi 出現的畫面。KiKi 甚至發現了吳男的痞客邦帳號，大頭照竟然放了一張限制級的自拍照，畫面中吳男站在一個肉肉女的身後，肉肉女右邊的衣領被拉了下來，右乳袒露在外，吳男從後方環抱，大拇指和食指捏著肉肉女的乳頭。

KiKi 也搜到了吳男的 Instagram 帳號，自介寫著「Project Manager，談吐/品味/尺寸 皆不差」，下方放了三張沒有露臉的照片，只有一張有穿衣服，其他兩張都衣不蔽體：一張是經典的紅色內褲，另一張是別人拍的光屁股照。

KiKi 傳訊息給幾個臉書上和吳男有過互動的女生，好多人表示，都曾經收過吳男傳來的泡澡自拍照一張；其中兩個女生也坦承曾和吳男有過更進一步的互動。KiKi 比對後發現，原來吳男會暗自把女生分等級，長得正的就吃美食、住五星級飯店；長相比較平庸的就隨便吃、住廉價旅館。

KiKi 很確定自己遇到渣男了，這是她離婚後談的第一段感情，她很自責，也自我否定，她把一切歸因於自己單親媽媽的身分，陷入了很長的一段憂鬱期。

雖然斷了聯繫，KiKi 還是忍不住繼續觀察吳男的動態。她發現

吳男不只經常在一些裸露的照片下方留言，也加入好多奇怪的社團。KiKi 回想起兩人之前並不美好的性愛經驗，吳男做愛的方式和姿勢不但不尊重女性，甚至有點變態；而且每次性愛後 KiKi 的陰道都會黴菌感染，現在知道原來吳男就是源頭。

一個多月後，吳男在台灣疫情最嚴重的時候復出江湖，KiKi 在吳男的限時動態發現吳男帶了下一個受害者入住君悅酒店，照片中可以看到一個穿著性感睡衣的女生正在享用 room service。

世界很小，KiKi 在某個媽媽私密社團看到 LaLa 正在販售她想買的東西，兩人互加好友。KiKi 在 LaLa 的舊貼文發現「Sunkiss Love」按了好多讚。第一時間 KiKi 以為 LaLa 是吳男的太太，小心翼翼地問起 LaLa 和吳男的關係。一開始 LaLa 不想多說，後來才坦承自己是吳男的前女友。LaLa 提醒 KiKi 一定要去醫院檢查性病，因為吳男的雜交史可以追溯至 2018 年，當時已樹狀圖展開。

2017 年底，LaLa 人在中國工作，某天吳男用「Sunkiss Love」傳訊息跟 LaLa 攀談。LaLa 一開始只把吳男定位成閒聊的網友，可是吳男很殷勤，三不五時就會表達關心。LaLa 察覺吳男的帳號似乎不太正常，為了解除 LaLa 的疑慮，吳男要求視訊。接下來的日子除了工作的時間之外，其餘時間吳男都要求開著視訊，就連洗澡、睡覺都不能關。

吳男某天向 LaLa 提議要不要一起去日本旅行？LaLa 誠實地表達自己不喜歡日本，比較想去韓國。吳男突然對著 LaLa 失控怒吼，他指控三星會剽竊台灣的技術，還說只要是台灣工程師都會很討厭韓國。LaLa 覺得吳男不只莫名其妙，情緒控管也有問題。

　　暴走過一次後，吳男開始三天兩頭暴走。每當朋友從台灣打給 LaLa，LaLa 會要求吳男先把視訊掛掉，吳男每次都會暴怒責備 LaLa 不重視他，搞到後來 LaLa 不敢再跟朋友聯絡。我問過 LaLa，當時兩人還沒正式交往，也沒正式見面，其實她隨時可以和吳男斷了聯繫，為什麼要任由吳男情緒勒索？LaLa 坦承可能因為當時人在異鄉，容易寂寞也容易感動，明明覺得吳男有很多地方不對勁，關係還是由吳男主導，慢慢推進。

　　LaLa 原本打算去香港跨年，吳男約她一起去吉隆坡，不只機票便宜，五星級飯店他也訂好了。兩人在吉隆坡相見了，也開始正式交往。跨年後沒多久，吳男又打算去日本，但是他沒問 LaLa 要不要同行，而且在日本的那幾天明顯反常，藉口網路流量不夠，不肯講電話也不開視訊，全程只用文字訊息跟 LaLa 聯絡。LaLa 知道吳男在說謊，因為飯店都會提供免費 Wi-Fi，但是她很瞭解吳男的個性，要是再多問一句，吳男就會變成一頭猛獸，所以選擇不追究。

　　吳男開始三不五時找各種理由跟 LaLa 吵架，吵完後就搞消失。LaLa 每次都搞不懂吵架的主題到底是什麼，只能一直傳訊息道歉。

吳男大約兩三天後才會出現，他會表現地若無其事，恢復之前隨時開視訊的狀態。

有一次吳男說他要去運動，LaLa 知道吳男根本沒有運動的習慣，忍不住多問了幾句，吳男怒掛電話後傳了一個超長的訊息：「妳嗆個屁啊，妳是在 question 我什麼？我最討厭的就是被 question。已經說一次我沒事，說兩次我沒事，妳還在 question 我，是怎樣？妳所有問題我都要回答妳？妳以為妳是誰啊？就跟妳說在哪跑步不重要，我講了妳又知道我講哪？妳喜歡我，我就要回答？妳不喜歡冷戰，我就要當面講到妳爽？妳底線ＸＸＸ，我就要趴啦趴啦？妳以為妳誰？為什麼我要浪費我的時間跟妳吵架？為什麼我要聽妳講一些屁話？當我不想講，請妳就乖乖閉上妳的嘴。我沒有義務回答妳所有問題，請妳在講一堆狗屁道理的時候，先尊重別人有別人的空間。難道我連我大便有幾條都要跟妳講是嗎？我想講就講，我不講就不講。少把妳自以為是的習慣套在別人身上，尤其是妳質疑我的那副表情！」整段訊息一共 12 個問號加上 1 個驚嘆號，可以看出吳男性格真的奇差無比。

吳男後來用臉書主帳號加了 LaLa 好友，「Sunkiss Love」卻從 LaLa 的好友名單消失了，也搜尋不到，LaLa 沒想太多，以為吳男把帳號刪除了。

因為吳男藉故吵架失蹤的頻率越來越高，LaLa 決定回台灣工作，好好經營感情。吳男話講得很好聽，他希望 LaLa 的事業可以有更好

的發展，要 LaLa 不要為了他特地找新竹的工作。LaLa 最後錄取了很多份工作，因為新竹開出的條件最好，和吳男討論後，他答應 LaLa 可以和他同住，但是每個月必須負擔一半的房租，還假大方地說：「房租一萬六，算妳一個月八千就好，水電我處理。」LaLa 覺得有點合理，也有些不合理，但是這年代女生幫忙出一點錢也沒什麼，她也不需要再花時間找房子，所以答應了吳男的條件。只是吳男後續列出的同居守則讓 LaLa 傻眼，像是他只願意分給 LaLa 四分之一的衣櫃，還規定 LaLa 一定要使用吳男指定的同款紅色衣架。不知道紅色是吳男的幸運色還是本命色，他對紅色真的情有獨鍾，不只大頭照穿紅內褲，就連衣架也非紅色不可。

同居的日子並不美好，吳男有非常嚴重的控制狂，不只禁止 LaLa 跟朋友見面，還想把 LaLa 隨時綁在身邊。LaLa 的朋友覺得吳男很像藍鬍子，她們都擔心 LaLa 哪一天會被吳男殺了。LaLa 也因為發現吳男加入許多 SM 社團感到恐懼，好幾次做愛時，吳男都會瘋狂掐住她的脖子，LaLa 感覺自己快要窒息而死。

某次幫吳男整理衣物，LaLa 在吳男的牛仔褲口袋發現一張台北某餐廳的發票，比對時間，當時吳男應該在台中老家。LaLa 拍了發票傳給吳男，吳男不想解釋，反而回嗆：「我去哪裡都要跟妳報備嗎？」

吳男很愛出國，當時兩人平均每兩個月就會飛去馬來西亞旅行。

有一次在當地更換 SIM 卡時，LaLa 偷看到吳男的手機密碼，從此以後，LaLa 開始趁著吳男洗澡或半夜睡覺時偷看，她發現吳男手機的世界真的非常精彩。吳男似乎有雙重人格，他在 LINE 和臉書主帳號的表現都是正常人，但是在微信上就是不折不扣的垃圾。

吳男刻意把微信 APP 藏在手機桌面的資料夾裡，還會不定期更換位子，LaLa 每次偷看都要花時間才能找到微信 APP 新的藏身之處；LaLa 也發現吳男的臉書小號根本沒停用，她問吳男臉書小號是不是把她封鎖了，吳男再度生氣抓狂，他說臉書怎麼用是他的自由，要LaLa 不要管太多。

吳男在微信上非常活躍，不停地亂槍打鳥，有回應的女生他都會把名單置頂。吳男曾經約了一個新竹的女生去開房間，後來想要再約時，女生的反應顯得很害怕；為了跟一個住在台南的單親媽媽打上一砲，吳男願意千里迢迢開車南下，還以菁英姿態分享應該如何管教小孩；就連台中老家也有駐點，那女生還在訊息裡嬌嗔地說：「都是你啦，害人家噴水。」

LaLa 試著用溫和的方式暗示吳男，希望他能尊重他們的關係，但是吳男完全無法溝通，無法解釋時就會叫 LaLa 搬出去。看到 LaLa 的遭遇真的會覺得情侶沒事不要隨便同居，因為就算妳有付房租，遇到這種地皮流氓，一吵架就會叫妳滾出去。

LaLa 對吳男慢慢心死，但是她沒有馬上提分手，一方面是不想讓吳男稱心如意，因為只要關係還在，他就必須偷偷摸摸約砲；另一方面是因為她想知道吳男究竟可以渣到什麼程度，就像在追劇一樣，LaLa 每天都期待可以從吳男的手機看到新進度。

　　吳男租的是兩房一廳的房子，次臥房平時拿來堆放雜物。有一次 LaLa 進去找東西，竟然發現衣櫥裡藏了一大袋情趣用品，裡頭面具、鞭子、假陽具什麼都有，讓 LaLa 頭皮發麻，朋友勸 LaLa 保命要緊，要她快點離開神經病。

　　幾天後，吳男要回台中，LaLa 要回高雄，出發前吳男鬼鬼祟祟進了次臥房，從情趣用品堆中找出肛塞，先放進牛仔褲口袋，再偷偷塞進行李袋。LaLa 終於忍不住，跟吳男在車上大吵起來，吳男不道歉也不安撫，反問 LaLa 為什麼他不能帶情趣用品出門，他又沒有要幹嘛。言下之意好像在說他想回台中老家拿肛塞塞自己的屁眼不行嗎，為什麼要跟 LaLa 報備？

　　車子開到台中高鐵站時，吳男吵著要分手，要 LaLa 快點滾下車，兩人整個週末都沒聯絡。禮拜天回程時，LaLa 到台中高鐵站跟吳男會合，吳男在高鐵接送區當眾怒罵了 LaLa 半小時，細數每一條 LaLa 的罪狀。好不容易罵爽了，最後還責備 LaLa：「都是妳，害我要繳停車費。」

吳男一路從中字輩學士、中字輩碩士唸到中字輩博士，不知道哪來的自信，讓他永遠覺得自己高人一等。2018 年吳男離開華為，轉職到聯發科，從那時候開始，吳男更覺得自己身價水漲船高，但是卻經常抱怨聯發科很 low，他比較想進外商。

　　吳男三天兩頭就跟 LaLa 說部門有大案子在忙，需要在公司過夜。LaLa 問他，家裡明明距離公司不遠，為什麼不回家睡比較舒服？吳男懶得解釋，又丟下一句：「妳不懂啦！」LaLa 從吳男和其他女生的對話得知，聯發科其實五點就可以下班了，公事也能在家處理，那陣子吳男經常不回家是因為又和另一個新的砲友打得火熱。而且不知道吳男是色膽包天，還是根本沒把 LaLa 放在眼裡，大年初一吳男就跑到高雄找砲友，一點都不擔心會巧遇回高雄過年的 LaLa。

　　每一個跟吳男約過砲的女生，LaLa 通通截圖保存，前前後後發現的砲友就有七個。LaLa 發現吳男的口味真的很廣，從醜到漂亮、從矮到高、從瘦到胖，吳男通通吞得下去。但是吳男對小女生沒興趣，專挑 35 歲以上的熟女下手，特別是單親媽媽。

　　發現吳男在外頭亂搞後，LaLa 不願意再和他發生性關係。有一陣子 LaLa 發現吳男上廁所開始關門，一開始還以為吳男躲在廁所和其他女生聊天。幾天後 LaLa 發現吳男手上有一團打針後的棉球，也有在服用藥物，她關心吳男怎麼了，吳男先說沒事，接著又開始不爽：「我就說沒事了，不要一直問。」LaLa 在浴室的垃圾桶裡發現一坨

衛生紙上有血也有膿，直覺一定哪裡不對勁。

LaLa 拿了吳男的自然人憑證查看吳男的就醫紀錄，發現吳男在新竹市民族路上某間泌尿科診所的看診紀錄，後來也在吳男車上找到藥袋。LaLa 記下了藥品名稱，問了從事醫學相關工作的朋友，得知醫生開立的藥物是用來治療性病的。

LaLa 下定決定要離開這個噁心的男人，開始找房子準備搬出去。清明節時吳男藉口回台中掃墓，其實是去找新砲友開房間，LaLa 跟吳男攤牌，吳男也沒在客氣：「成天只會靠北妳就搬出去，我回家不是聽妳靠北的，回台中看我爸妳在那邊靠北什麼。算了，懶得跟你講了，分手吧，妳搬出去。」

LaLa 終於搬離那座情趣用品博物館，和吳男從此不相往來。

撇開騙砲成性不說，吳男最讓我看不慣的，是他對女生的輕視態度，不爽就用言語羞辱、辱罵。吳男潛意識裡其實瞧不起所有女性，他跟 LaLa 說過，女生都很好把，只要開比較好的車，帶去比較好的餐廳，沒有不上鉤的。

其實 KiKi 和 LaLa 都是長得漂亮、工作能力也好的女生，根本不需要那麼逆來順受，只是她們都被吳男的紙老虎氣勢鎮壓，明明不是台清交，卻搞得自己像斐陶斐。吳男在同儕相處上也有障礙，不只

沒什麼朋友，在公司也不和同事往來，還經常抱怨部門同事愚蠢又難搞，他所有的人際互動可能都發生在騙砲上。

原本以為問題家庭才會養出這種斯文敗類，但是 LaLa 說吳男家境不差，爸爸退休前是公路局的高階長官，媽媽是家庭主婦，上頭有一個哥哥和一個姊姊，都和吳男差了很多歲。

雖然吳男好像為了打上一砲不惜砸下重本，其實他非常懂得善用信用卡提供的餐廳優惠和住宿優惠。「美國運通卡」就是他的約砲神器，只要花少少的錢就能帶著女生吃香喝辣、住飯店打砲，不只有面子，裡子也顧到了。而且吳男一直在玩一種循環得利的遊戲，入住五星級飯店時刷卡累積里程數，里程數達成後就能兌換機票，出國遊玩的支出通通刷卡支付，又可以重新開始累積里程數。

2021 年底，吳男故事的簡短版在粉絲頁揭露之後，聽說當天消息就在聯發科內部炸開了，公司興起一股肉搜吳男運動，還有人直接把內部系統上的吳男員工資料截圖分享在文章下方。隔天 KiKi 收到吳男的訊息：「分享我的資料很有趣是嗎？」KiKi 已讀不回。後來火越燒越旺，「Sunkiss Love」成了臉書熱門搜尋帳號，吳男知道事態嚴重，更改了主帳號和小號的顯示名稱，也補了一則恐嚇訊息：「妳把我的個資放到公開版面公開，有經過我允許嗎？有人已經要提告了，就降。」

吳男「只許州官放火，不許百姓點燈」的態度讓人覺得可笑，凡事反求諸己很重要，當吳男欺騙那些單親媽媽的感情和身體之前，有先經過她們的允許嗎？

　　聯發科員工查出吳男本尊後，好多人跑來私訊告訴我，吳男的部門很冷門，屬於後勤單位，他的職位也很不怎麼樣，薪水也普普。而且吳男不是正統聯發科人，這幾年聯發科招募的員工素質都不是太好，只是外人通常都搞不清楚狀況，一聽到聯發科就認為一定是人中之龍。

　　針對文中寫到吳男住豪宅、開名車，幾個聯發科員工非常不以為然，賓士 A180 在他們眼裡根本是普通不過的車，而且一個年近 40 歲的竹科男還在租屋，身價真的不怎麼樣。雖然在很多聯發科人眼中，賓士 A180 只是廉價的小東西，但是對吳男來說，卻是重要的身價象徵。自從購入賓士以後，吳男不只強迫 LaLa 背誦車牌號碼，也開始找砲友車震。

　　聽說聯發科老蔡最痛恨這種因為個人道德問題害公司上新聞的員工，2020 年就曾被媒體爆出一名負責 5G 晶片設計的忻姓技術經理已婚劈五女。原本忻男是公司極力栽培的幹部，事發後被冷凍架空。吳男事件爆發時，當時聯發科內部即將年度考核，一名聯發科員工建議 KiKi 應該找記者爆料，雖然公司不會因為私德問題將員工解雇，但是也不會放任員工拿著公司招牌在外招搖撞騙。某鏡週刊記者原本

答應報導，還要求獨家，後來卻用各種藉口拖延，最後不了了之。據說吳男後來連續請了好多天假，但是他只有物理性神隱，卻成天掛在聯發科的內網上，應該是擔心又被公開討論。

吳男的事蹟也傳到了台積電，KiKi 的姊姊任職於台積電，粉絲頁文章曝光沒多久，她馬上告訴 KiKi 聯發科有一名工程師專騙單親媽媽，提醒 KiKi 小心留意。KiKi 害怕姊姊傷心，沒有勇氣坦承自己就是文中的受害者。

吳男的知名度也燒到 Tinder，一名讀者跟我說，她的男網友發現了吳男的 Tinder 帳號，大頭照依舊是那張吳男最愛的紅內褲自拍照，點進帳號還可以看到光著屁股的照片、賞車中心的照片、敷著面膜的自拍照片、賓士車內的方向盤照片、還有一張躺著自拍的下體升旗照。自我介紹直白寫著：「急著結婚的請左滑離開，剛認識就狂聊，好認定結婚對象，我只能說這價值觀有點問題。」

雖然我很不齒吳男在臉書上的騙砲行為，但是不得不說，他在 Tinder 上的表現相對值得嘉許，因為他清楚表明了他只想玩玩，想找男友或老公的快點滾蛋。

台灣人仇女的程度超過我想像，當時一個女生在文章下方直指 KiKi 根本是在找長期飯票，被騙活該。其實 KiKi 的經濟狀況比吳男優渥，她全身上下都是名牌貨，隨便一個包包都比吳男一個月的薪水

還要值錢，吳男經常對KiKi的行頭瞠目結舌。還有人不客氣留言：「男人廣撒下半身照，願者上鉤，女人還願意回應，九成就是好上，一成是覺得無聊反正也沒事幹。明知照片不入流卻仍飛蛾撲火，這不是擺明一個願打一個就願挨？還是女生自覺更優秀，能感化對方，妄想我不一樣？」KiKi和LaLa都懷疑留言者就是吳男，因為不只口氣很像，吳男之前也說過類似的話。

吳男約砲之路之所以無往不利，主要是因為他不醜，而且懂得善用聯發科的光環。再加上現在太多網路詐騙的目的都是詐財，很多女生連對方都沒見過，就被騙到傾家蕩產，相較之下，吳男表現出來的大方大器，就像一股小清新，讓人誤以為真愛降臨。但是只要警覺性稍微高一點，應該都不難察覺吳男的臉書小號看起來就不懷好意，一個正常的男人，是不會刻意在社群上不停炫耀優渥的生活，也不會刻意營造很有品味的形象，更別說是分享自己的內褲照或升旗照。

吳男專找單親媽媽下手完全是「智慧型騙砲」，他看準了單親媽媽的心理，事發後不但不會張揚，還會自我檢討，她們會拿單親媽媽的身分合理化遭遇到的所有不合理，吳男完全不用善後，隨時可以腳底抹油閃人。

如果妳是單親媽媽，希望妳可以對自己再更好一點，「愛情之前，人人平等」，不要拿過去的失敗否定現在的自己，也不要在任何一段關係裡有著低人一等的卑微。單親媽媽不該是幸福絕緣體，也不

是垃圾回收廠，不要放大單親媽媽的身分，這年頭離婚的人滿街都是，離婚也不是妳的錯。大 S 和具俊燁的故事雖然太夢幻，還是可以帶來一些正能量，對的人是不會拿妳的過去來懲罰妳或虐待妳。

KiKi 給吳男下了一個評語：「表面書生，骨子畜生」；我在上一本書《渣男動物園》也說過，條件好的男人，真的不表示他是好人，就算他是菁英，還是有可能是個渣。「因為他在台積電工作，嫁給他一定很幸福」或是「因為他在聯發科工作，所以人品沒問題」這種歸因完全沒有邏輯。

我後來得知聯發科有一個多達五千多人的匿名群組，裡頭不時會出現各種仇女、厭女的言論，讓正派的男員工看了都心驚，擔心自己的女兒以後會遇到這種人渣；內部交流平台上，偶爾也會有人幫外部的女性友人代發徵友啓事，殘酷的是，那些懷抱著希望的女生永遠不會知道自己被一些聯發科的渣男當成笑話。

我把吳男的出生年月日丟給一個精通命理的朋友，朋友說，吳男因為命格的地支帶了兩個子，命帶桃花，性格也低級下流，雖然事情曝光會受到一些影響，但是因為 2022 年的流年不差，風頭過了以後應該還會繼續出來騙砲。果然，紅色內褲又重出江湖，當初的「Sunkiss Love」現在是「夏天的史密斯」，請桃園、新竹、台中一帶的單親媽媽特別提高警覺。

吳男的生活真的過得非常爽，不是騙砲、就是在買票券、賣票券、出國、吃美食、賞車，我都不懂爲什麼聯發科員工可以這麼涼。而且他對馬來西亞真的情有獨鍾，在我寫這篇的同時，他又跑去馬來西亞了，不知道這次帶的是哪個妹。

　　真心期待吳男可以早日更新他的大頭照，因爲從照片中手持的手機型號可以發現，那張紅色內褲照真的有點年代了。

　　太夢幻太離奇的遭遇，其實都暗藏危險。當妳覺得自己怎麼這麼幸運遇到白馬王子時，通常就是大禍臨頭的時候了。

4

為什麼你的小鳥上開了一朵花
——鳥語花香獎

這年頭韓劇看太多的後遺症,就是把每一個身高上看185公分的男人都視為男神,就算他一臉豬頭樣,一高就能遮三醜。

林男,英文名 Sean,1990 年生,射手座。身高 187 公分,體型中度肥胖,走路時明顯內八。皮膚偏白,頭上頂著小瓜呆的齊瀏海髮型,有嚴重少年白,長相撞臉宮廷劇裡頭的太監。因為舌頭偏短,沒辦法精準發音,講話時帶有一種特殊腔調。林男還有嚴重潔癖,除了不停洗手,平時也會隨身攜帶塑膠手套,上班時經常戴著手套瘋狂擦桌子,就連吃麥當勞也堅持戴上手套才開動。雖然他整個人活像個怪胎,但是因為身高夠高,異性緣一直都很好。

「我有 187 公分喔」、「我家住在信義區耶」、「我的眼鏡三萬多塊配的呢」是林男逢人就強調的台詞。他總是戴著濾鏡稱讚自己,壓根兒沒察覺強調身高的行為就跟自己的身高數字一樣很白癡。而且不知道林男是忘記了,還是害怕想起來,撇開身高不說,他的體重幾乎要破百,還有嚴重的女乳症。雖然林男總是以家在信義區自居,其實他真正的戶籍地在南港。三萬多塊的眼鏡也不代表他的財力,林男平時刷卡習慣用分期卡消費,更是傳說中的退貨魔人,不只會把 Costco 用過的東西拿去退掉,就連網購的衣服也故意不剪標,至少穿出門亮相一次再申請退貨,甚至還會偷拿媽媽的保養品上網賣掉換現金。

雖然來自單親家庭,但是林男家境不差,媽媽是北部某私立大學

商學院教授，在業界也小有名氣。林男從小就念貴族學校，國中和某位家境富裕的吸毒男星是同學，高中也念貴桑桑的學店，後來大學到研究所一路都在新莊混。林男對外總會刻意營造富二代的形象，強調自己家裡有好多房子，媽媽是教授，開BMW、爸爸是某大科技公司的負責人，平日開保時捷。但是林男口中的爸爸其實不是他的生父，而是媽媽的男友Martin。

2021年2月，林男離開華擎科技進入全球前十大記憶體公司擔任FAE（應用工程師）職務，和家家成為同部門的同事。從國外回來的家家已經在公司待了7年多，在公司是出了名的冰山美人。家家不只五官立體深邃，就連一頭長髮都美，人美心善的她刻意不染不燙，每年都會捐髮給骨癌之家。

5月時，兩人因公有了第一次交談，林男後來馬上透過內部通訊系統找到家家，展開瘋狂追求。他主動要求載家家回家，也迫切向家家證明自己單身。一開始家家非常抗拒，一方面是覺得林男不可能單身，一方面也不希望私領域影響到工作上的專業形象，刻意保持距離。但是林男就像打不死的蟑螂，不時對著家家喊出類似老鼠會的口號：「沒關係慢慢來吧，我會一直在妳身邊陪著妳，目的是要帶領妳到甜蜜的感情天堂喔，just follow me, you can make it。」

後來疫情大爆發，公司實行在家工作，林男每天都會找話題和家家攀談。一直到8月，家家才答應和林男單獨吃飯。七夕情人節時，

明明是林男可以好好表現的機會，他卻告訴家家他要和大學同學出去玩。

曖昧期的開始也是家家破財的開始，林男每次都會帶著家家出入高級餐廳，但是最後都是家家付錢。9月恢復正常進公司上班，林男偶爾會送花給家家驚喜，每天早上也會幫家家倒好熱開水。高冷女最怕死纏男，眼見冰山美人開始融化，林男開口要求家家每天都要幫他準備早餐，還會提出特殊需求：「如果可以，明天想要吃麥當勞，我要『豬肉』滿福堡加蛋，飲料可樂～」；吃到不合胃口的林男也會不客氣嫌棄：「今天早餐吃很飽，但以後不要再買蛋餅囉，我覺得這家做的很難吃。」面對林男荒謬的行徑，家家不但不生氣，還著了魔似的照單全收。我完全不能理解為什麼林男從頭到尾白吃白喝還敢要求一大堆，嫌東嫌西的為什麼不去吃屎比較快？

林男似乎有媽寶傾向，開口閉口都把媽媽掛在嘴邊，三天兩頭就說要跟媽媽吃飯。林男希望自己未來的另一半可以跟媽媽一樣優秀，能力比他強都沒關係，所以他向家家保證他絕對不可能跟年紀比自己小的女生交往，家家是他認定的不二選擇。林男的媽寶行徑，應該大多數女生都很難接受，但是家家因為母親已經離世，她很羨慕林男身邊有媽媽的陪伴，也懂得欣賞林男的孝順。

家家一直隱約覺得林男應該有其他對象，好幾個早上她都在林男辦公桌上看到另一份早餐。《我吃了那女孩一年的早餐》明明就是浪

漫純愛電影，林男卻搞成了《我吃了兩個女孩一年的早餐》。家家試著追問林男怎麼一回事，林男掰出一套事不關己的解釋。

因為兩人的座位都在七樓，而且距離很近，在林男的猛攻之下家家終於淪陷。雖然和林男差了 8 歲，但是家家一點都不介意年齡的差距。她的感情一路以來都走蕭亞軒模式，當她 20 歲時，她和 20 歲的男生交往；當她 30 歲時，還是和 20 歲的男生交往；現在 40 歲了，還是繼續跟小自己 8 歲的男生交往。她說並不是她對鮮肉情有獨鍾，而是真的無從選擇。過了 30 歲之後，大多數的男生不會去找和自己年齡相仿、社會地位也旗鼓相當的女生，他們會專攻 20 歲的市場；但是 20 多歲的男生反而會去追求事業成功的大齡女生。

林男生日前一週，他不停嚷嚷自己的手機很舊了，好想換一台 iPhone13。他透過各種方式向家家表達他對新手機的渴望，甚至刻意製造情境讓家家主動答應出錢：「想換粉紅色的手機，一起拍照。」還說：「我很乖的，日久見人心喔，所以妳是屬於細心體貼的那一位女孩嗎？」這算哪種情緒勒索，如果家家不願意幫忙買手機，就不細心也不體貼嗎？

再怎麼聰明能幹的女生，談起戀愛都可能一秒變智障。雖然當時關係還沒確定，家家還是答應幫忙出一半的錢。因為林男反覆提醒：「禮物不能後送喔！」家家在林男生日前一天包了一個 12,500 元紅包給林男買手機。原以為 12 月 5 日林男生日當天會約自己一起過，

林男卻說他要跟媽媽吃飯。12 月底兩人開始正式交往，家家原本期待兩人可以一起跨年，林男又說跨年夜他要陪媽媽出去玩。整個元旦假期林男都不見人影，只傳了一兩則文字訊息向家家報備。

1 月初的某個假日，林男傳了截圖跟家家抱怨自己每天南港、土城通勤，來回低消就要 70 公里，又遠又花錢。家家點開截圖發現，林男當時定位在六張犁。她問林男不是應該在家陪媽媽？林男宣稱是因為用了「Fake Location」，但是家家知道 iPhone 並不支援這個 App。面對家家的質疑，林男開始生氣，說他懶得多做解釋，家家不相信就算了。40 分鐘後，林男假裝氣消，打了視訊電話給家家證明自己真的在家，強調自己真的很討厭被質疑。家家知道林男在說謊，消失的 40 分鐘足夠讓他從六張犁趕回南港。

為了向家家證明自己真的來頭不小，林男帶著家家參加新爸爸 Martin 的公司尾牙。回程路上林男再次提到自己每天南港、土城往返，又累又貴，還抱怨每天都要去便利商店繳過路費真的很不方便。家家失心瘋地答應林男可以用她的台新卡綁定 eTag，從此之後，林男的過路費都用家家的信用卡扣款，也變成家家在支付。

西洋情人節前，林男向家家開口要了一個 LOEWE 的皮夾。兩人先去 101 專櫃看貨，因為林男不想要現場剩下的展示品，家家特別上官網訂購。林男拿到遠從西班牙馬德里飛來的皮夾後欣喜若狂：「原廠直送的感覺就是不一樣～謝謝老婆！以後妳就去專櫃試背，然後我

幫妳官網下單。」林男講話非常不實在，講什麼「以後」、「下次」，為什麼不是現在？一點誠意都沒有。而且林男下單後還不是家家要付錢。

交往越久，林男情緒失控的頻率也越來越高，家家必須經常承受各種情緒暴力和各種嫌棄。林男不只一次嘲笑家家中分後的髮線看起來很像禿頭，還無端指控家家自視甚高，說家家根本瞧不起他。家家的好條件莫名成了林男攻擊的理由，她和林男相處時，講話要特別小心，深怕一不留意又會觸碰到林男的敏感神經。

每次的激烈爭執後，林男都會刻意對家家提到「未來」。從兩人過去的對話紀錄裡，用「未來」搜尋會出現成堆的訊息。剛交往時，林男告訴家家：「因為有妳的出現，我才知道什麼是真愛，什麼叫做一見鐘情，這騙不了人的！我希望未來每一天一覺醒來都能看到妳，用妳最愛的低沉聲音呼喊寶貝妳的名字，至少要擁吻過後才會願意起床，每天都是。」交往時也是用「未來」當餌，對家家提出各種需求：「未來我要帶妳去日本深度旅行，泡湯喝醉每天過爽爽這樣。」、「是不是未來可以有多一點過夜的機會？」林男也經常和家家分享網路上看到的超奢華遊記：「妳有去過嗎，未來如果能夠跟妳這樣旅行，我應該會感動到哭吧。」其實林男每次都沒把話說完，隱藏了最關鍵的句子：「妳要幫我付錢喔，啾咪。」

除了「未來」之外，林男動不動就把「結婚」掛在嘴邊，他不斷

地告訴家家他是真的很想跟家家步入家庭，也自認爲是最適合家家的終身伴侶，他甚至保證家家未來一定會是最幸福的林太太。不是我愛嗆林男，老實說全台灣姓林的那麼多，一不小心就有機會成爲林太太；而且林男口中的「未來」全是不安好心，家家真正想要的「未來」根本永遠「不會來」。

爲了讓陽具看起來比較大，林男一直都有陰部除毛的習慣。有次兩人一起去泡溫泉，在燈光充足的環境下，家家發現林男的生殖器上長了一顆肉芽。因爲家家本身屬於癌症高危險群，對於醫療保健特別有研究，她很肯定那是菜花，驚嚇地問林男爲什麼會長這種東西。林男表現地若無其事，反問家家：「怎樣？妳很介意嗎？」

對於自己的小鳥開花，林男解釋是之前泡溫泉時被感染。雖然家家覺得林男的說法不足採信，但是她當下不想追究，只希望林男可以積極接受治療。家家壓著林男去昆明街的性病防治中心看診，靠著醫生開立的化學藥膏，林男的菜花終於結痂脫落。家家自己也去驗了HPV，還好因爲先前施打過九價疫苗，沒有被林男傳染。

「菜花事件」讓家家心生陰影，好長一段時間都不肯和林男發生關係，也打算取消原本規劃好的旅行。林男卻厚臉皮地說：「我希望還是能夠正常赴約，有機會就好好相處，把感情培養好，過去的那麼多經歷妳都走下去了，接下來的路相信是平穩的，提供參考囉！」「提供參考囉」這五個字讓人超怒，正常人誰跟女友求和時會這樣講話？

兩人先後入住許多高級飯店，每次都是家家買單。就連林男的三餐也是家家在張羅，除了平日的早餐、午餐開銷之外，下班後晚餐的約會餐餐都要千元起跳。家家有寫日記的習慣，日記本裡除了記錄著兩人相處的點滴，也貼了滿滿的發票、停車繳費收據、信用卡簽單。與其說是日記本，其實更像記帳本。還好疫情期間不能出國，不然林男一定會要求家家帶他環遊世界。

　　白色情人節當天，兩人約好下班後去喜來登吃大餐，離開公司前，家家發現一個叫 Carson 的女生傳了很像報備的簡訊給林男。林男解釋 Carson 只是以前同事，打算拿東西還他。家家的第六感告訴自己，Carson 和林男的關係一定不尋常，但是因為擔心林男情緒再次失控，她沒有追究下去。

　　交往滿三個月當天，林男隨手拿了一張便條紙，用黑筆寫上了自己和家家的英文名字，中間用金色奇異筆畫了一顆愛心，並在上頭寫著：「寶貝老婆，今天是我們在一起滿三個月的日子，對於妳的承諾我一定會做到，攜手度過未來的挑戰，我絕對不會放手的。」老實說一個男人如果真的有心，就算買不起禮物，也會事先準備卡片，絕對不可能那麼隨便，那張廢紙一看就是林男一時的心血來潮，一點心意都沒有，家家卻把它夾在日記本裡珍藏。

　　同事們陸續發現兩人正在交往，男同事們都虧林男舌粲蓮花，不

像他們只是元寶蓮花，進公司不到一年竟然就能把到公司之花，叫那些覬覦家家已久的 RD 情何以堪。

　　林男完全雙重標準，平時很喜歡跟女同事打情罵俏，卻不允許家家和男同事太親近，還嚴格控管家家上班時的穿著：緊身的不行、束腰的不行、低胸的不行、露腿的也不行。某次林男因為不爽家家和男同事討論公事時靠得太近，大搞消失。氣消之後，他傳了落落長的訊息給家家：「我多麼希望妳時時刻刻就黏在我身邊，像是寄生共游的生物那種相依為命的共存模式，妳都不知道我就是打從骨頭裡面的重視妳，在意妳的任何一個小細節，妳對我的好我從來沒有忘記過，我只是想要從我們不好的地方記取教訓，警惕自己不再重蹈覆徹。我，不會輕易放棄這段感情，我會更加注意自己的所作所為，還是那句話，我是真的很愛妳，我巴不得直接去登記結婚的那種強烈的愛，妳懂嗎！哭完了，我去睡覺了，晚安，明天回歸正常，忘記昨天吧。」

　　像林男這種男人最自私，愛情的天氣都由他們來決定，明明妳生命中的風雨都是他們帶來的，他們還指定明天一定要放晴。看了林男傳的訊息後我開始相信男人的訊息短一點比較真心，長訊息通常都不懷好意，也另有目的。

　　林男曾經傳了一段讓家家非常感動的訊息：「我其實很喜歡（照顧妳），因為我覺得妳（獨立太久了）還是需要有一個（對的人）成為妳的（肩膀），彼此都有（欣賞）對方的地方，我真心希望妳能夠

儘早（依附在我身邊），我才能夠更全心全意地（保護妳呵護妳），讓妳感受到（依賴的愛）是什麼感覺。」

我很肯定林男打字的當下根本靈肉分離，而且上面那段訊息括弧裡的文字都是狗屁，下面的版本才是真心。

「我其實很喜歡（花妳的錢），因為我覺得妳（經濟條件太好了）還是需要有一個（不要臉的人）成為妳的（討債鬼），彼此都有（錯看）對方的地方，我真心希望妳能夠儘早（把錢通通花在我身上），我才能夠更全心全意地（勒索妳榨乾妳），讓妳感受到（斂財的愛）是什麼感覺。」

林男突然又換回原先的皮夾，家家覺得不對勁。她想起林男之前經常到便利商店寄貨，所以上蝦皮用關鍵字搜尋，竟然發現林男的賣場。林男的賣場上刊登了好多家家送的東西，LOEWE 皮夾也已經被半價出售。家家很難過自己的心意被糟蹋，林男卻辯解是因為之前吵架，他一氣之下才把東西賣掉。

Martin 爸爸把一台公司退役的 Lexus 450 送給林男代步，因為車齡很舊了，經常出問題。某天車子電池壞了，家家當時正好在車上。林男一直不爽碎念：「電池很貴，要十萬，怎麼辦？」家家只是靜靜地聽，沒有回話。兩天後林男向家家抱怨，他說他跟 Martin 爸爸暗示了三次車子需要換電池，但是 Martin 爸爸都沒有反應。家家問林男：

「一次拿出十萬對你來說壓力很大嗎？」林男毫不遲疑地點頭。家家有點震驚，一個 30 多歲的男生竟然連 10 萬元的存款都沒有。但是她的嘴巴還是跑得比腦快，主動說要幫忙出一半。林男欣然接受，之後也沒有要還錢的意思，但是家家也沒打算索討，甚至在林男讓自己感覺幸福的當下，傻傻地告訴林男不還也沒關係。

從家家身上不停得到金錢挹注之後，林男開始食髓知味。一個週末，林男說他要去換輪胎，後來要求家家去修車廠找他。付款時，林男假裝自己的富邦 App 出了問題，一直轉帳失敗，他要求家家用她的富邦 App 試看看能不能匯款。在林男的精心設計之下，家家轉了三萬多塊給修車廠。

不用付半毛錢的林男非常開心，馬上指定晚上想去哪裡用餐，還提議端午節時可以入住台中裕元花園酒店。他早就做好功課了，知道家家的「美國運通卡」有住宿優惠。繼《聯發科的紅色內褲》之後，「美國運通卡」在本篇再度當場，諷刺的是，這張信用卡對於渣男來說簡直是「約炮神器」，但是到了女生手上卻成了渣男享樂的工具。

當晚各自回家後，林男傳訊息問家家：「輪胎錢妳也要幫我出一半嗎？」家家沒有答應，只答應幫忙出一萬。雖然表面上看起來有進步，實際上只是從出一半變成出三分之一，還是沒有太大差別。不管是電池錢或是輪胎錢，其實都不關家家的事。

因為林男自己有一張 Costco 聯名卡，三不五時就找家家逛賣場。為了累積刷卡回饋，結帳時林男都會要求刷他的卡，也當場要求家家拿現金給他。為了讓自己看起來不像白吃白喝的無賴，林男告訴家家：「我很認真在收集信用卡點數要給老婆用，不管是不是免費的，重點就是想要換給妳。」

　　這男人真的很奇葩，女生給他現金，他卻打算用信用卡紅利點數回饋。林男真的吃人夠夠，把家家當成行動提款機。家家不只要負責兩人所有吃喝玩樂的費用，林男網購看到想要的東西也會叫家家下單。因為林男一直很介意自己的女乳，光是厚磅衣就花了家家近兩萬元。

　　家家終於察覺這段關係讓自己花錢如流水，提出希望以後約會的支出可以各付一半。林男非常不爽，端午節前夕大搞失蹤，原本訂好的裕元花園酒店住宿也不去了。家家腦霧終於暫時散去，解除了林男eTag 的信用卡綁定。林男發現後要求家家立即把信用卡綁回去：「既然彼此都想要好好相處下去，那就回到原本情侶該有的樣子，可以一起拿咖啡，一起規劃旅行，同時我也希望能夠把 eTag 加回去，對我來說，這是一種綁定的感覺，妳一天不加回去，我每天時時刻刻都在在意這個事情。」

　　林男的臉皮真的異常地厚，所有不要臉的話，都是他會說的家常話。但是一個願打，一個願挨，家家又開始繼續幫林男繳過路費。

因為金額越來越龐大，家家的朋友建議她可以調閱通行明細。家家發現，就在信用卡綁回的隔天，林男就開了 300 多公里的車程，但是林男宣稱自己當天都待在家。家家問林男怎麼一回事，林男完全不想多做解釋：「我覺得不用刻意糾結在一些小事情上面，相處起來會比較舒服，當我一發現被監視被懷疑等等踏入隱私的話，我就會變得封閉然後就走不下去，自由是我的罩門，但我也沒做什麼對不起的事情，話題結束，不討論。」

　　家家希望林男歸還兩萬塊的輪胎費，林男百般不情願，賭氣回應：「還了就不再欠妳。」 更對家家情緒勒索，刪除兩人所有 LINE 記事本的相簿。家家知道不能再這樣耗下去，開始避免和林男接觸。家家的刻意疏離讓林男一不爽就打分機怒罵，讓家家每天進公司都處於高壓狀態。命理師提醒家家，千萬不能讓林男感覺被拋棄，不然以林男的性格，憤怒時什麼事情都做得出來，家家只能想辦法讓他主動淡出。

　　9 月家家的貓過世，林男藉故關心，兩人再度復合。這時林男已經把 Martin 爸爸給他的 Lexus 賣掉，打算換一台全新的 TOYOTA。他問家家：「我在想，如果我到時候交車，妳可以送我好一點的行車記錄器當作禮物嗎？我好不要臉。」所有林男說過的話，就只有這句話最中肯也最實在，我懷疑他是為了得到行車記錄器才跟家家求和。只是 TOYOTA 才開沒多久，林男就覺得男人開日系車實在很不稱頭，又跑去跟 Martin 爸爸借了另一台賓士撐場。

身心俱疲的家家決定一個人去花蓮散心，林男知道後吵著說他也要跟去。第一個晚上，林男滑手機滑到睡著，家家發現林男手機螢幕還亮著，悄悄地把手機抽出來翻看。滑著滑著，家家快要不能呼吸，她發現林男不但把 Carson 的對話置頂，從訊息內容看來，Carson 才是正宮，而且和林男交往很久了，不管是情人節、生日，聖誕節、跨年，林男通通和 Carson 一起過。

林男的手機相簿也很精彩，裡頭好多獨立的相簿，每本相簿都會詳細標示女生的名字以及出遊的日期和地點。除了家家和 Carson 之外，林男同時間至少劈腿了四個女生，其中一個還是公司六樓的年輕妹妹 Vivian。

時間緊迫，家家先把所有對話和相簿翻拍，同步上傳到雲端。林男半夜醒來發現家家兩手各拿了一支手機，立刻衝向家家，蠻橫地把手機搶回去。他不只怒罵家家，還恐嚇家家快點把證據刪除。

林男吵著要回台北，家家沒有留他。行李收好後林男又當場改變心意，說他還是想去一趟太魯閣。家家決定把這趟旅行當成兩人的畢業之旅，假裝什麼事情都沒發生過。三天兩夜的旅程中，家家試圖問起關於 Carson 的事情，林男不耐地說：「可以不要再聊我了嗎？」

回程路上，因為火車車廂內的冷氣很冷，家家想拿放在架上的

外套。林男面露不悅，起身換到最後排的座位。火車快抵達松山站時，林男走回原座位拿行李，對家家視而不見。家家問他：「你這是什麼態度，我有欠你什麼東西嗎？」林男挑釁回應：「怎樣，我有怎樣嗎？」接著拿起行李，頭也不回地下車。火車門關上前，家家提醒林男：「你以為我照片都刪掉了嗎，很抱歉，我都有即時備份在iCloud。」林男表情瞬間凝結，呆站在月台。幾分鐘後傳了好幾個訊息道歉，家家通通已讀不回。

　　隔天進公司，林男走到家家的座位旁惡狠狠地瞪著家家：「現在是怎樣？」因為不想驚擾同事，兩人移到會議室談判。家家希望林男可以學會尊重女性，也好好善待 Carson，不然將來某一天可能在臉書的爆料公社滑到自己的照片。林男突然向家家逼近，作勢要動手打人，家家一手插在口袋，緊握著事先準備好的辣椒水。

　　家家表面上故作鎮定，其實心裡非常害怕。因為林男性格非常暴戾，高中時就曾經不只一次拿安全帽打人；平時開車也很喜歡逼車，車上還放了甩棍和電擊棒準備隨時開幹。家家問林男：「你現在是要揍我嗎？」林男的手突然放下，伸手要和家家握手言和。家家最後再次提醒林男，如果林男繼續騙人，她一定會把林男的罪行公諸於世。

　　家家只告訴公司同事兩人因個性不合分開，沒有向任何人吐露實情，因為她不想口出惡言，也擔心哪一天走出公司被車追撞，更不希望同事暗地裡嘲笑原來她不過是個傻子。因為每個上班日還是會看到

林男在自己眼前閒晃，家家根本很難走出來。但是她不想為了髒東西換工作，要走也是林男走。家家的狀況越來越糟，每晚只能靠著酒精入睡，後來開始求助身心科。

想起自己過去十個多月對林男幾乎有求必應，家家感到非常憤怒。林男根本大事找家家，小事也找家家。他想換工作時，整份英文履歷都是家家幫忙完成；就連到醫院回診，因為不想戳鼻子，快篩陰性的證明也是家家代勞，家家感覺自己就像是林男的工具人。

家家甚至發現，分手前林男成天嚷嚷他好想吃檸檬玫瑰鹽口味的可樂果，她馬上上網訂購了好幾包，分手後林男竟然把可樂果上架到蝦皮賣場，一包賺個 50 幾塊也開心。林男的蝦皮賣場什麼都賣，什麼都不奇怪，舉凡家家送的汽車芳香劑、衣服、褲子、襪子、鞋子，通通拿出來賣。他不只販售有形的物品，也把自己的良心賣了。

像林男這種「以愛之名，行斂財之實」的男性其實無所不在，對家家來說，因為她的收入優渥，所以不會去計較金錢上的付出。她也認為兩性平等，只要真心相愛，經濟能力比較好的那一方在金錢上多負擔一些沒關係，就算女人養家也可以。家家的觀念沒有不對，但是關鍵是「值得」。錢買不到真心，只會讓渣男越來越貪心，不涉及金錢的關係才能看到真感情。當妳發現怎麼談個戀愛搞得自己越來越窮，就該趕緊抽身。談感情時，錢財露白，破財就來。

我還是傾向女生必須找個比自己有錢、也願意花錢的對象交往，不管如何，一人出一半是最低限度，這樣未來分開時才不會有種人財兩失的惆悵。家家不懂爲什麼林男跟其他年輕女生出去就裝闊，但是跟自己在一起時就喊窮，甚至連車子都捨不得開，因爲他不希望累積里程數影響未來車子的賣價。但是 Carson 疑似住在台中，林男卻願意爲了她經常開車往返於台北、台中之間。

　　林男這種變色龍的行爲擺明欺負人，家家開始自我否定，覺得是不是因爲自己比較老，還是哪裡不夠好，才會有如此天差地遠的差別待遇。其實不是家家哪裡不好，相反的，正因爲家家條件最好也最大方，林男才有機可趁。能力好的人本來就容易相對辛苦，工作上如此，感情上也如此。如果今天家家沒錢或是不願意出錢，林男根本沒機會不停撈錢。

　　肉眼看來，除了高之外，林男沒有其他優點。但是就算擁有傲人的身高，還是要搭配帥氣的臉蛋才不會浪費。家家也說了，在她歷任的三個男友裡，林男最老、能力最不好，也最雷。原本我以爲林男可能有其他過人之處，才可以遊走於眾多女子之間，家家卻跟我分享了一個宮女嫁給太監的笑話。更糟的是，先天上的尺寸不足就算了，就連壯陽藥林男也捨不得自己花錢買，吃完了還要求家家幫他補貨。

　　跟林男交往之前，家家一個人過得很自在，她自知罹患癌症的機率比一般人高，不希望自己的小孩經歷相同的喪母之痛，所以生小孩

一直不在她的人生規劃裡，對於感情的態度也很隨緣，原本的美好生活因為林男的出現搞得一團糟。

家家坦承打從曖昧期開始，就發現林男很多行為很詭異，但是她卻不自覺地選擇視而不見。像家家這樣的女生真的很多，她們都是職場上的強者，卻是感情裡的弱者。就算事業再成功，她們還是會因為年紀漸長產生自我懷疑；另一方面也擔心把工作上的強勢和挑剔帶入感情，所以關係裡會刻意表現隨和及將就，這是非常不正確的心態。

其實只要能把日子過好，不一定需要硬找一個伴。如果真的很想有人陪，或許可以試著去國外找，因為條件好的女生在台灣找對象通常只能低就。

像林男這種自私自利、自我自戀、完全沒有半點可取之處的傢伙，不只在家是媽寶，外出也亂搞，還開著媽媽男友的車騙砲、甚至想找個有錢的女友靠，一點肩膀也沒有。

當一個男人特別喜歡強調什麼，事實往往都相反。像林男這種會刻意不斷證明自己百分之百單身的人，通常百分之百都非單身；當一個男人所有重大節日都藉故缺席，那麼真相只有一個，就是妳只是他的對象之一，而且肯定不是最重要的那一個。

很多女生都希望男友回訊息時可以多回一點，但是聽了一些故事

之後，我得出一個結論：當男人訊息回得長篇大論時，那他一定在鬼扯。行動永遠比言語真心，如果真心愛一個人，根本捨不得讓對方傷心。怎麼會在重傷對方之後，再用噁心矯情的文字彌補，就算說了一萬次我愛妳、我想娶妳，都不如平時真心對妳。

家家到現在還是很難釋懷，她很在意自己又孤零零地回到一個人的狀態，但是林男還有女友陪在身邊。家家現在的糾結也是很多女生過不去的檻，其實只要把林男的存在想成一坨屎，就會慶幸自己不用躺在屎旁邊。以家家來說，她所擁有的外表和成就，已經是上天給她最好的禮物，不需要看不起自己，也不需要覺得自己不值得被愛，更不需要花時間去追究無法被渣男善待的原因。

人生中的不幸，很多時候都是命中注定，不要責怪過去的自己，只要勇敢往前，就能掙脫困境。談戀愛一定要設好停損點，如果不停棄守，渣男只會軟土深掘。

敬告那個下體開花的女乳男，家家的朋友們都一致認證你是恐怖情人，家家到現在都還擔心會遭到不測。我在這裡替家家發表不自殺聲明，希望你能正視自己的過錯。那些不堪入目的對話和截圖，家家都已經備份在雲端，如果不想被公諸於世，此刻開始請你抱著贖罪的心重新做人。

提醒所有女生，如果妳真的很想養小白臉，請找一個帥一點、脾

氣也好一點的對象。花錢還受氣，眞的太不值得了。

5

台版 Tinder 大騙徒
——詐騙千萬獎

Netflix 上的《Tinder 大騙徒》看過了嗎？影片中的主角 Simon Leviev 以鑽石王子富二代的假人設活躍於 Tinder，利用騙術讓多名受害女子為了他掏空積蓄，甚至向銀行貸款，到手金額超過千萬美金。

同樣的情節也在台灣上演，雖然本故事的主角洪男沒辦法和 Simon 相提並論，但是詐騙金額已上看千萬台幣，受害者持續增加中。

2021 年 9 月，我在粉絲專頁收到了 Emma 的訊息，文字中可以感受到她的無助。

比洪男小一歲的 Emma，在某大醫院擔任行政工作，個性溫和，是個白淨清秀的漂亮女生。因為生活圈小，2018 年底開始試著玩交友軟體，在 Tinder 上認識了洪男。她與洪男交往兩年，期間 Emma 先後借了上百萬給洪男，洪男卻突然消失了，留下 Emma 獨自面對龐大的債務。

洪男，外號杉杉，英文名 Nick，1990 年生，巨蟹座，身高 175 公分左右、中等身材，據說菸癮非常大。老實說，洪男長得不差，長相斯文秀氣，應該是本書諸位渣男中最好看的一個，曾以「帥哥房仲」的身分，出現在某網紅的 YouTube 頻道，目前該影片觀看次數已達 74 萬，下方好多人留言稱讚洪男是帥哥。給個小提示，該網紅前陣子才公開自己做了私密處手術。

一開始，Emma 對洪男的印象不錯，覺得他談吐風趣，聊天內容也很正常。洪男當時在乾爸乾媽的肉品批發公司上班，有意無意就會向 Emma 提起他想出去闖闖，因為他擔心一直依附在乾爸乾媽的庇蔭下會無法成長。洪男開始私下接觸廠商，把原本乾爸乾媽的生意變成自己的客源。

雖然互動熱絡，幾乎每天都會閒聊，但是洪男一直沒有約 Emma 見面的意思，直到 2018 年世界盃足球賽冠軍戰當天，兩人才相約去總統府廣場前看轉播。那天洪男表現得很紳士，彼此都向對方展現好感，三個月後開始正式交往。

Emma 以為洪男的經濟狀況不錯，因為他全身上下都名牌，還開了一台賓士。所以當洪男第一次開口借錢，Emma 沒想太多，單純覺得洪男只是手頭臨時不方便。但是有了第一次之後，洪男開始三天兩頭向 Emma 借錢，頻率大約一週兩次，每次金額五千到上萬不等。

洪男經常宣稱因為廠商資金周轉出了問題，如果不幫忙先墊款，廠商營運會出問題。但是因為金額龐大，他自己手頭上的現金不夠，希望 Emma 可以幫忙救急。還有幾次洪男藉口去高雄賭場開拓生意時，緊急打給 Emma，他說他的友人如果還不出賭債，就沒辦法離開賭場，拜託 Emma 馬上匯款給他。

前面幾次洪男都有做到有借有還，後來卻開始用各種理由拖欠。

有陣子洪男經常往返中國，他宣稱自己之前曾在中國工作，中國銀行的戶頭內有大額存款，因為聯銀卡在台灣有提領上限，必須親自飛幾趟把錢分批帶回來。有一次洪男刻意製造了一個小意外，他說他的錢包被偷了，要 Emma 幫忙購買回程機票。

後來洪男肉品生意突然不做了，轉行當房仲，一開始在中信房屋信義安和店，後來跳槽到住商不動產長安店。兩人見面次數變少了，一個月最多約會三次。每次 Emma 打給洪男，他都會以帶看房子中為由，匆忙掛上電話。單純的 Emma 從不覺得洪男有鬼，反而心疼洪男的辛苦。洪男還是陸續向 Emma 借錢，理由是只要他願意先幫買方支付斡旋金，之後就能拿到比較高的佣金。

洪男告訴 Emma，他要飛一趟澳門做生意，並以自己的信用卡不支援海外消費為由，向 Emma 借了信用卡。那幾天的日子裡，Emma 每次收到消費通知心跳都幾乎停止，那趟出差，洪男用她的卡刷了十幾萬。

為了繼續詐財，洪男每次向 Emma 借完錢後，都會假裝真心道歉。他說他真的很抱歉讓 Emma 承受那麼大的經濟壓力，他希望 Emma 可以再給他一點時間，以後他一定連本帶利的奉還，也承諾未來一定會讓 Emma 過好日子。雖然 Emma 選擇接受洪男的說法，也相信洪男只是暫時的運氣不好、時運不濟，但是當她發現自己借給洪男的錢已經上看 80 萬，存款也快要見底，還是不免焦慮害怕。

Emma 在 Instagram 上收到一則陌生訊息，對方是一個叫 Jean 的女生。Jean 一開始就表明自己是洪男的女友，有事想跟 Emma 確認。Emma 第一時間沒有馬上回應，反而跑去問洪男怎麼一回事。洪男要 Emma 不要理會對方，還說 Jean 有神經病，因為追求他不成，才會陰魂不散騷擾他身邊的人。單純的 Emma 再次相信洪男的說法，把 Jean 的訊息擱置不理。

雖然見面頻率越來越少，洪男開口借的金額卻越來越大。他說他媽幫他保的定期定額保險，繳款日到了，但是他付不出來，希望 Emma 可以先幫他繳保費。Emma 坦承自己真的沒有錢了，洪男卻向 Emma 提出可以去銀行貸款的建議。Emma 不懂，為什麼洪男不自己申請貸款？洪男說，因為他有親戚在銀行工作，他擔心貸款的事情被爸媽發現；而且 Emma 的薪資相對穩定，核貸金額應該比較多。為了展現還款誠意，洪男主動開口：「寶貝，我覺得一直跟妳借錢很過意不去，我希望可以給妳一個保障，我寫張借據也開本票給妳吧，這樣以後就算分開了妳也有憑證。」

Emma 聽了以後心裡很難受，明明兩人還好好地在一起，怎麼就已經預設分手。原本 Emma 不肯答應，但是耐不住洪男一直裝可憐，最後真的跑去銀行貸了近百萬給洪男。

每個月逼近還款日時，Emma 都會特別提心吊膽，她必須奪命連

環 Call 催促，洪男才會還錢。繳了十期後，洪男開始擺爛，一開始還會告訴 Emma 他目前手頭不方便，麻煩 Emma 先幫他還款，後來乾脆不接電話，甚至把 Emma 封鎖。Emma 跑去洪男的房仲公司才發現他已經離職，Emma 根本不知道要上哪找人。

Emma 根據洪男身分證影本上的戶籍地址，找到了洪男的原生家庭。因為看過照片，她非常肯定來應門的是洪男的親妹妹，但是妹妹卻假裝不認識洪男，謊稱只是租客而已。

為了找出洪男的藏身之處，Emma 試著查詢洪男在哪個區域領取五倍券，結果竟然發現領取地是台北法院的郵局，讓 Emma 哭笑不得。Emma 試著私訊洪男 Instagram 上的所有朋友，看看有沒有人知道洪男的下落。一個女生 A 告訴 Emma，兩年多前她在交友軟體上認識洪男，事隔一年後，洪男突然熱絡地找她攀談。見面後，猴急地表現出想和 A 交往，也問 A 有沒有興趣一起投資股票。警覺性很高的 A 很快地拆穿洪男的謊言，這一回合洪男詐騙失敗。

Emma 看了一篇我在粉絲頁的文章之後，試著用「司法院法學資料檢索系統」查詢洪男有沒有案底。結果不查還好，一查昏倒，原來洪男在外負債累累，光是「本票裁定」及「支付命令」的民事案件就有 8 項。

洪男不只被告，也很愛告人，只要登門討債的債主，通通會被他

提告「妨害自由」或「損害賠償」。2021 年 6 月，洪男因為積欠大筆賭債，三名債主直接找上門。當時洪男正和房仲同事在車上聊天，三名債主不停拍打車窗，揚言如果洪男不下車，就要打破車窗，洪男當場報警處理。最後三名債主不但錢沒拿到，還因此留下刑事前科。

判決書中可以發現洪男改過名字，用洪男的舊名字搜索，結果更精彩，早從 2013 年開始就有龐大的債務糾紛；2014 年犯下徒手竊盜罪；2015 年偽造文書，盜用他人名義向多家電信業者申請門號；也從 2016 年起開始向債主們提出傷害及損害賠償的告訴。與洪男舊名字有關的案件多達 16 項之多，其中 11 項民事，5 項刑事。

這個龐大的訊息量對於 Emma 來說簡直五雷轟頂，她終於想起了先前曾經試圖和她對話的 Jean，兩人聯繫上後，Emma 得知更多不堪的真相。

原來洪男之所以離開房仲業，是因為洪男以投資物件為名，向兩名同事進行詐騙；而且洪男去賭場根本不是偶然，而是生活日常；甚至 Emma 和 Jean 比對後發現，洪男和兩人交往的時間幾乎完全重疊。

Jean 原本在高雄經營香氛品牌，洪男是她的客人，買完東西後一直找機會和 Jean 攀談。一開始 Jean 以為洪男是同志，所以對洪男沒有戒心也沒有想法；之後洪男對 Jean 展開追求，期間不只回覆訊息神速，每回外出跑肉品業務或送貨時都會跟 Jean 報備。

爲了擴展事業，Jean 決定搬到台北，兩人開始同居。Jean 和洪男也有金錢上的牽扯，交往初期 Jean 就在洪男的要求下，把自己的信用卡借給洪男刷，但是信用卡帳單都是 Jean 在繳。後來 Jean 選擇制衡洪男的方式，就是索性不工作不賺錢，這樣就能防止洪男跟自己要錢。

　　雖然 Jean 因此逃過了劫財，卻換成自己媽媽受害。因爲洪男外表看起來就是長輩會喜歡的類型，而且初次見面他就向 Jean 的爸媽奉上名牌皮夾，所以當 Jean 的媽媽得知洪男想自己獨立出來做肉品生意時，二話不說就把自己跟會的 40 萬借給洪男。沒想到 40 萬一到手，洪男馬上跑去澳門賭博，最後通通輸光。

　　洪男私下偷接生意也偷走肉品的事情，終於被乾爸乾媽發現，不得已只好轉行。因爲洪男的爸爸當年靠著投資房地產翻身，洪男也想依循相同的模式，轉戰房仲業，Jean 也決定試試看。兩人隸屬不同的房仲公司，爲了讓洪男快點還媽媽錢，Jean 做了很多球給洪男，但是成交後洪男都把佣金獨吞。

　　洪男開始把念頭動到同事身上，佯裝自己手上有一個非常值得投資的物件，但是因爲內部裝潢老舊，整新後再出售價錢會比較漂亮。洪男邀請有興趣的同事集資出裝潢費，成交後可以一起賺錢，兩名同事因而傻傻被騙。洪男也會把自己負責的租屋案件假裝是他名下的房

子，藉此證明他的財力有底氣，取得他人信任之後，再開口向對方借錢。每次錢一到手，洪男就會飛奔賭場報到。

離開房仲業之後，洪男開始以賭爲生。Jean 第一次接觸賭場，就是跟著洪男一塊去。

因爲澳門賭場免費提供食宿給賭客，在那裡吃得好也住得爽，所以洪男三天兩頭就往澳門跑。只要一贏錢，他就會先去名牌店掃貨，接著再回賭桌繼續賭。洪男在台灣也是全省賭場跑透透，這區名聲黑掉了，就往另一區去。爲了保命，洪男只去沒有黑道背景的賭場，賭客清一色都是正常上班族，這樣就算欠錢不還，也不用擔心被斷手斷腳。

當時洪男最常跑桃園的賭場，每次來回的計程車費用相當可觀，所以洪男用別人的名義，買了一台二手賓士。幾個月後，洪男車貸繳不出來，也不願意把車歸還，逼得車主只能烙人堵他，才順利把車子牽回去。

Jean 之所以發現 Emma 的存在，是因爲有一次她和洪男一起去澳門，抵達機場時，沒有信用卡的洪男掏出一張信用卡換現金。因爲洪男習慣把包包交給 Jean 保管，Jean 發現了 Emma 的信用卡。她向洪男追問持卡人是誰？跟洪男什麼關係？洪男一邊激動地解釋持卡人想刷卡換現金，所以出借信用卡；一邊數落 Jean 爲什麼要翻他的東西。

態度反常的洪男讓 Jean 更加心生懷疑，她平時就會幫忙洪男整理包包內的發票和收據，她不懂洪男反應這麼大是幹什麼。原本 Jean 想繼續追究下去，但是同行的 Jean 的哥哥卻幫洪男說話，責備 Jean 不該這樣侵犯別人隱私。那次賭博 Jean 親眼目睹洪男全程都刷 Emma 的信用卡換籌碼，難怪 Emma 收到帳單後完全看不懂消費明細。

　　洪男每次贏錢的時候都非常大方，會把錢隨便借給其他賭客贏得好感和信任，但是那些人之後都會變成洪男借錢的對象。而且洪男的賭徒性格很要不得，不管大輸或大贏都不肯走，一定要輸精光才走。Jean 開始阻止洪男賭博，洪男還是背著 Jean 偷偷去賭場。

　　因為付不出房租，洪男只好帶著 Jean 搬回去和爸媽同住。房間很小，洪男不管做什麼都在 Jean 的眼下。某天 Emma 打電話給洪男時，被 Jean 發現，Jean 質問洪男為什麼還在跟持卡人聯絡？不是說債務都清償了嗎？洪男當下隨便編了理由搪塞。

　　Jean 用洪男的備用機登入洪男的社群帳號，發現 Emma 的存在。Jean 傳了訊息向 Emma 確認，得到的回應卻是她和洪男只是普通朋友關係，要 Jean 不要擔心，兩人間的債務洪男也陸續清償。當時 Jean 人正在洪男家，洪男爸爸看到訊息還開心地以為兒子已經改過自新。後來才知道，原來當時洪男趁機幫 Emma 回了訊息，因為怕被 Emma 發現，最後還把對話紀錄刪除。

Jean 說，其實洪男的爸媽對她都很好，他們都是好人，生到洪男這種兒子只能說家門不幸。他們都知道自己兒子是賭鬼，還會勸 Jean 不要跟洪男在一起。為了讓 Jean 不再對洪男抱有改過向善的希望，洪男的爸爸甚至主動讓 Jean 知道，之前洪男曾把一個護士帶回家住，後來不只背著護士和空姐開房間，還把護士的存款盜領一空。

聽說洪男小時候其實很乖，當時洪男的爸爸因為負債成天躲在家，全靠著媽媽養家還債。後來爸爸因房地產致富，媽媽保險業也做得很成功，因為兩人都沒有太多心力照顧洪男，媽媽開始用金錢彌補，只要是洪男想要的東西，媽媽一定奉上。

高職時期洪男交了壞朋友，畢業後就沒有繼續升學，當兵時開始沉迷麻將。因為洪男在外不停惹禍，爸媽經常爭執，他們都認為是對方的關係，才讓洪男變成現在這個樣子。一開始他們還會出面收拾爛攤子，後來因為管不了，乾脆放棄。還好洪男的妹妹是正常人，不需要爸媽操心。

洪男的爸爸得知兒子積欠 Jean 的媽媽 40 萬之後，他拿出先前投資的小套房委託洪男出售，要求兒子賣掉房子賺到佣金之後，馬上把錢還給 Jean 的媽媽。房子很快就賣掉了，但是洪男死都不肯把錢吐出來，Jean 果斷地提了分手，從此再也不想跟這個人有任何瓜葛。

就跟《Tinder 大騙徒》裡的 Simon 一樣，洪男非常聰明，而且洞悉人性，可以把謊言說得又誠懇又好聽。他最擅長的把戲就是拿別人的錢去賭，贏的錢是他的，輸了錢算別人的，完全是無本生意。Jean 更直言，洪男和任何人產生連結的目的，都是要騙錢，而且他男女都騙，男女也都會被他騙。通常女生借錢給他是為了愛，男人借錢給他是想要利益共生。

洪男的兩名前房仲同事、Jean、Emma、以及其他兩個受害女生組成了受害者聯盟。其中的一個女生 Belle 不願意多聊自己的遭遇，只知道她在 2021 年初被洪男騙了好大一筆錢；另一個女生 Anna 也是透過 Tinder 認識洪男進而開始交往，當時洪男告訴 Anna 他有內線消息，投資一支股票穩賺不賠，錯過這個賺錢機會太可惜，但是他手上現金不足。就在洪男的百般慫恿下，Anna 不只向銀行貸款一百萬，也把自己的帳戶借給洪男玩股票，最後慘賠，洪男卻開始神隱。

若以一人低消一百萬來算，光是從這六個人身上，洪男詐騙所得已經上看六百萬。部分受害者曾經試圖上警察局報案，但是警察都沒辦法受理，因為借貸屬於民事糾紛，警方無法介入。六人當中，Anna 是態度偏向激進的受害者，她主張一定要鬧大，才有辦法逼洪男還錢。但是因為媒體要求六人同時現身，雖然承諾會打馬賽克及變聲處理，其他人還是有所顧慮，特別是洪男的房仲前同事都擔心新聞曝光後會影響自己的工作，最後不了了之。

我問過 Emma 和 Jean，為什麼洪男不乾脆去當牛郎就好，這樣就不用每天編故事，只要靠臉吃飯然後不停脫褲子就好？Emma 才坦承她和洪男交往的兩年裡，雖然有親密行為，但是最後關頭洪男永遠不舉；Jean 也說洪男的身體很虛，對性事沒興趣也不太行。正因為小頭沒有賺錢的本事，只能用盡腦力行騙。

我安慰 Emma，雖然遇上洪男真的很衰，但是老天對她還是有點眷顧，雖然她的初戀是個 Tinder 大騙徒，至少不是騙財騙色一起來。要是她真的把第一次給了洪男，大概一輩子都不能原諒自己。

直到現在，Emma 還是會發現洪男三不五時就更換 LINE 的大頭照和名字，肯定在外繼續騙。2022 年 11 月，Emma 和我分享了她在 Dcard 上發現的一篇文章〈幫高調，職業 10 年大騙徒〉。發文的匿名者分享了好幾張洪男的照片，還有洪男跟七名受害者的對話截圖。那七人是繼 Emma 和 Jean 之後，下一批的受害者，每個人幾乎都是透過「探探」和洪男結識，受害時間從 2021 中旬開始。

洪男從 Tinder 轉戰到探探之後，人設也跟著大改變，他自稱家住永和，在古亭有置產，從加拿大留學回來後，曾經去中國工作一陣子，回到台灣後跑去美商做業務。匿名者文中提到，洪男和每名受害者交往初期都表現得非常大方，後來開始用各種理由借錢。因為洪男早已被銀行列為拒絕往來戶，所以盜用了女友的金融卡收款，接著再提領一空。女友發現後非常害怕，擔心債主找上她。

洪男慘到連健保都沒有，生病也沒錢看醫生，甚至去賭場的車資都開口請女友幫忙。女友怒罵洪男怎麼可以把自己搞到連車錢都沒有？賺的錢都到哪裡去了？到底什麼時候可以還錢？洪男的說詞永遠一樣：「我有錢一定會還妳。」殘酷的真相是，洪男永遠不可能有錢。

雖然洪男的爸媽早已放棄這個兒子，但是畢竟是親生的，看他落魄還是不忍心，所以當洪男開口要生活費時，媽媽還是會提供支助。女友一氣之下，找上洪男的媽媽，才發現洪男的家境不差，家裡有一些房產，媽媽是某人壽服務處的處長，但是洪男爸媽都不願為了兒子在外的行為負責，其中一個受害者最後被債務搞到精神崩潰，割腕自殺未遂。

洪男的人生其實很可悲也很可惡，每天一睜開眼就開始過著「騙、借、賭、躲」無限循環的人生。但是就算他賭博輸錢也不會痛，因為倒霉的永遠都是別人，他只要繼續騙好、躲好，外面的風雨都跟他無關。

一百萬畢竟不是一百塊，面對每個月都要定期償還的貸款，Emma 感到絕望，卻沒有傾訴的對象，兩個姊姊和兩個好友只知道 Emma 先前不斷借錢給洪男，卻不清楚 Emma 竟然傻到替洪男背債。每次聽到中島美嘉的〈曾經我也想一了百了〉，Emma 就會躲在棉被痛哭，想起爸媽當初曾經提醒 Emma 男女之間千萬不要涉及金錢往

來，當時 Emma 還覺得爸媽擔心太多，現在她很後悔爲什麼不聽勸。

在我的建議之下，Emma 鼓起勇氣找了律師向法院申請本票裁定，雖然洪男只有 0.00000001% 的機率還款，但是要是他未來眞能一夜致富，或是洪男的家人願意出面處理，Emma 就能成爲優先債權人。

對於一個剛滿 30 歲就爲了前男友背債一百萬的女生來說，眞的很殘忍。但是回到問題的源頭，關係一開始就不該涉及到錢，一個正常的男人不管交往前、交往初、交往中都不會開口閉口提到錢。通常會一直強調自己很有錢或是很缺錢的，肯定都是來劫財的對象，至於劫數能不能躲過，全憑理智和智慧。

其實洪男很多表現都明顯不正常，不知道 Emma 是因爲太單純，還是缺乏戀愛經驗，一直沒有察覺異狀：像是 Emma 從來沒見過洪男的朋友，洪男也不打算介紹 Emma 給爸媽認識；洪男的人生充滿各種 drama，那些 drama 都必須靠錢擺平；房仲就算帶看量再多，也不可能三更半夜還在帶看房子，除非他連墓仔埔的客戶都接；兩人明明都在台北，就算某一方特別忙，一個月才見面一兩次是什麼意思；最離奇的是，洪男每次關鍵時刻都不舉，這種眞的說什麼都不用再考慮了。

Emma 坦承，其實交往中期她就有分手的念頭，但是因爲錢都給出去了，她擔心分手後錢會拿不回來。她的內心其實非常糾結，一方

面覺得只要關係還在，債主就還在；一方面又擔心繼續交往下去，洪男又會開口繼續借錢。每當面對這種天人交戰，Emma就會勸自己再撐一下下，搞不好洪男很快就要飛黃騰達了。某方面來說，洪男好賭，其實Emma也是在賭，她不停地拿出更多錢去賭洪男還錢的可能，也擔心如果當下收手，就可能一無所有。

或許有人不解爲什麼洪男可以讓那麼多女生上當受騙，除了外表之外，最大的原因是洪男會把前置時間拉得很長。女生會因爲洪男表現得不同於其他發情的禽獸，就以爲他與眾不同，其實洪男只是同時發展很多條線而已。物極必反，不管妳是透過什麼方式認識對象，當一個男人表現得太沒耐性或是太有耐心，行爲都屬異常。沒耐性的只是想快點讓妳脫光光，太有耐性的通常是爲了某種目的，預謀性地放長線釣大魚。

交友軟體上只有三種人：來騙色的、來騙財的、認眞找對象的。其中又以前面兩者占大宗，第三種眞的非常稀少。就算已經說過千百遍，這裡還是要再說一遍，就算妳日子過得再無聊，都不要去玩交友軟體，妳可以種種花、刺刺繡、追追劇、養養貓，不要讓自己陷入危機。

自帶各種不良嗜好的男人都是危險情人，如果妳的另一半好賭成性，請不要傻傻相信他總有一天會金盆洗手，更不要爲了他賠上妳的人生。賭博這件事情本來就是輸多贏少，但是所有賭徒卻堅信自己總

有一天會贏大錢。「賭」和「騙」是連體嬰，為了繼續「賭」，只能不停「騙」，只要還能「騙」，就會繼續「賭」。

比起被「騙感情」或是「騙身體」，被「騙財」真的最傷，因為前者療傷期過後就會好，但是錢給出去真的會痛很久。祝福每個被洪男詐騙的受害者們，都能順利把錢討回來。也把 Emma 最痛的領悟分享給大家：「不要當男人的 ATM，女生要好好愛自己，把錢留在身邊最重要。」

挺過風雨後，Emma 現在有個對她非常好的男友，終於可以好好地感受幸福，雖然每個月還是要繼續還貸款，但是已經不再那麼想不開；Jean 也搬回高雄，把香氛事業經營地很好，雖然暫時不再相信愛情，也有了屬於自己的精彩。不管怎樣，妳們都要一直好好的。

最後貼心的提醒，「司法院法學資料檢索系統」真的是好東西，它就像一面魔鏡，可以讓渣男無所遁形，請試著上網搜尋。

洪 33，不要再躲了，也不要再騙了，那些女孩真的很可憐，麻煩你快點還錢！

6

讓我自拍一張菊花照送給妳
——屁眼全都露獎

書寫渣男故事眞的會有職業傷害，必須經常在非自願的情況下，看到很多醜男的裸體。

從 Sala 傳來的對話截圖中，我看到了男人勃起的下體，一隻手還撐著根部。Sala 接著又傳了一張改圖自電影《沙丘》的照片，氣憤地說：「那是黃阿飛的屁眼自拍照！他上網約砲約到我朋友，還問對方能不能拿白板筆或是麥克筆弄他的菊花。」

黃男，英文名字 A 開頭，彰化人，現居逢甲。身高約 183 公分，體型不胖也不瘦，長相不醜也不帥。走路明顯內八，嘴唇厚，唇色也暗沉，神似雷公鳥。1985 年生，射手座，某科大研究所畢業，目前是一家室內設計公司的老闆，喜歡自稱總監。

黃男的阿公早年在彰化經營金屬工廠，在當地小有名氣。黃男的媽媽當年因爲一直無法懷孕，後來靠著人工受孕生下異卵三胞胎，還因此上了新聞。

Sala 比黃男小五歲，是一個有時尙感、外表漂亮、腦袋也很聰明的水瓶座女生，和黃男一樣在設計圈發展。Sala 與黃男認識於 2017 年，當時黃男在台中開了一家選物店，Sala 上門光顧後，黃男找到了她的臉書，開始展開追求。交往後，黃男向 Sala 表明自己的事業必須重新開始，因爲他把店送給交往七年的前女友。因爲無法理解黃男的決定，Sala 跑去向前女友求證，對方提醒 Sala 一定要張大眼睛，

黃男平均每半年就會偷吃。

當時 Sala 和黃男正處於熱戀期，而且黃男在 Sala 眼中根本就是超完美男友，不只會煮飯，還會搞小浪漫，也願意花時間陪伴，所以 Sala 沒把前女友的話放心上，甚至懷疑前女友想搞破壞，如果黃男真的慣性出軌，為什麼前女友還願意跟他交往七年？

當時黃家的經濟狀況不是太好，黃男的媽媽還是湊了一筆錢讓黃男創業。事業剛起步的階段，黃男經常向 Sala 借錢，他會跟 Sala 說：「我好，妳才會好啊。」甚至使出情緒勒索：「如果妳不借我，就是沒把我當自己人。」Sala 對於黃男的要求幾乎有求必應，但是黃男從不主動還錢。

前女友的話果然一語成讖，交往半年後，Sala 就抓到黃男約砲。被抓包的黃男表現得比 Sala 還失控，下跪、哭鬧、踢腿、發抖……能用的招數通通一次使上，Sala 最後心軟原諒。

阿公過世後，黃男的爸媽繼承了一大片工廠的土地，戶頭裡瞬間多出好幾億，一家人開始狗眼看人低，黃男也跟著自詡為富二代。黃男的媽媽因為想要快點抱孫子，祭出「結婚就可以拿到八百萬現金」、「每生一個孩子再多一百萬」的獎勵，鼓勵三包胎快點成家。

黃男向 Sala 求婚了，預定 2019 年舉行婚禮。Sala 規劃了日本自

助婚紗拍攝，婚紗從淘寶訂、妝髮自己搞定、單眼相機和腳架也由Sala 提供、還負責兩人的機加酒以及在日本的所有花費，就連拍好的照片也自己修片。黃男從頭到尾不用出半毛錢，只要人出現就好，但是黃男不但不感激，還因為天氣太冷拍到生氣。

兩人計劃在台中歌劇院舉辦婚禮，場勘後第二天，Sala 又抓到黃男約砲，氣得 Sala 決定不結了。黃男再次使出一哭二鬧三下跪的招數，甚至出動了爸媽。他們對 Sala 曉以大義，希望 Sala 以大局為重，再怎麼說黃家現在都是在地望族，婚禮取消會讓家族蒙羞。黃男爸媽甚至帶著黃男去 Sala 爸爸的公司道歉，還跑去 Sala 家裡向 Sala 媽媽下跪求原諒，懇求可以給黃男最後一次機會，黃男也保證絕對不會再犯。Sala 最後還是點頭嫁了，兩人在 2020 年 4 月完成婚禮。

婚禮一辦完，黃男就急著跟 Sala 討回聘金，他說那是他家的錢，當初大嫂的聘金也是全數歸還，他要求 Sala 比照辦理。Sala 不能理解為什麼黃男在金錢上那麼小氣又愛算計，黃男後來經濟狀況不差，每個案子平均可以收個兩、三百萬，下面又沒有養員工，其實賺很大。但是黃男到現在每個月還是會伸手跟爸媽拿零用錢，就連爸媽買了新房子請黃男設計，黃男不只照樣收費，還故意墊高價錢，因為他知道爸媽有的是錢。黃男甚至跟 Sala 抱怨，為什麼他媽只肯給他八百萬買房子，反正那些錢遲早是他的，為什麼不乾脆現在多給一點。

疫情關係，沒辦法出國蜜月，Sala 不想浪費婚假，所以一直沒去

登記。婚後三個月，黃男又被逮到想偷吃，這次被發現只能說賊星該敗。黃男自知前科累累，為了取得 Sala 的信任，不管去了哪裡、做了什麼，都會傳照片向 Sala 報備。某天黃男北上看攝影展，隨手拍了一張展場的照片給 Sala，同時把照片上傳到 Instagram。因為黃男 Instagram 的好友很少，按讚的人也少，Sala 第六感覺得其中一個按讚的女生有問題，點進那個女生的個人頁面一看，發現她也同步發了攝影展的照片。

Sala 注意到那個女生燙了一頭超捲髮，黃男傳給她的照片裡，正好有一個捲髮女生的背影。Sala 要求解除婚約，要黃男自己去告訴他媽他又幹了什麼好事。黃男徹夜哭鬧，哀求 Sala 原諒，他說只要 Sala 答應不分手，要他做什麼來賠罪都可以。

Sala 要求黃男在 Instagram 上發表偷吃道歉聲明，並標記和他出遊的女生。黃男照做了，而且還標記了兩個女生。Sala 後來和捲髮女取得聯繫，得知黃男當天不但一直向捲髮妹抱怨對 Sala 的不滿，看展結束後還試圖把車開到汽車旅館。另一個黃男自爆的女生是名富家千金，她非常憤怒黃男害她無端捲入別人的家務事，不只傳訊息把黃男罵了一頓，還烙了一堆朋友到黃男的帳號留言洗版。

對於這次鬧出的風波，黃男不但沒有悔改之意，還持續與捲髮妹和千金女聯繫。他把所有問題都歸咎於 Sala 是神經病，只要她們不介意，未來還是可以繼續見面沒關係。

2021 年初，黃男終於拿到期待已久的 800 萬。3、4 月時，黃男以接案爲由經常上台北，每次都要搞到三更半夜才回家，甚至不回家。7、8 月時，黃男對 Sala 展開各種冷暴力，嫌棄 Sala 長得好醜、吃東西的樣子好醜、還說 Sala 醜到讓他覺得噁心。Sala 變成了黃男的眼中釘，不管做什麼黃男都不滿意，還會刻意發出不耐煩的聲音。黃男不只羞辱 Sala，就連 Sala 的爸媽也遭殃，好心送來熱飯菜，黃男竟然冷笑著說：「這是清荣尾嗎？」

黃男只要到台北就會去買大麻，那陣子幾乎一到家就開始脫光衣服抽大麻。Sala 看著抽完大麻後全裸攤在沙發的黃男，感到一陣厭惡。Sala 警告黃男繼續抽的話她要報警，已經抽到ㄅㄧㄤ掉的黃男把器具往 Sala 嘴邊送：「妳現在壓力太大了，來抽一點嘛！」

清醒後，黃男害怕 Sala 眞的跑去報警，也怕被家人知道後會斷了金援，隔天 Sala 一回家，黃男馬上告訴 Sala 他把大麻和器具都丟掉了。Sala 問黃男丟去哪裡？黃男支支吾吾說不出所以然。當晚睡前，黃男消失了半小時，出現時全身都是大麻味，陷入迷幻的黃男對著 Sala 喃喃說著：「妳好可怕，妳眞的好可怕。」

某個晚上 Sala 借用了黃男的電腦，在搜尋欄誤打了「5」，搜尋結果竟然跳出「520 夫妻聯誼論壇」。Sala 點進網頁一看，發現黃男已註冊帳號，但是她試了各種可能的密碼都登入失敗。Sala 直接跟黃

男攤牌問清楚，黃男辯稱那個論壇只是他看 A 片的地方。

幾天後 Sala 再次打開黃男的電腦，系統突然跳出來自「520 夫妻聯誼論壇」的新郵件，信件內容一整排都是訊息通知。為了搞清楚黃男到底在搞什麼鬼，Sala 跟著註冊會員，發現論壇上頭全是「換妻活動」、「多 P 活動」的資訊交流。

黃男種種毀人三觀的行徑，讓原本開朗的 Sala 陷入憂鬱，Sala 發現自己再也撐不住，向黃男第三次提出解除婚約。這一次黃男沒有挽回，反而和 Sala 談條件，要求 Sala 歸還金飾，並支付先前辦婚禮的費用。

正式解除婚約的第二天，黃男馬上迫不及待和新女友 ChiChi 打卡曬恩愛。Sala 從 ChiChi 之前的發文發現兩人早就搞上了，ChiChi 的朋友還曾經留言安慰她：「當情婦總比當老婆好。」

Sala 在 Instagram 上抒發心情，寫下：「狗真的改不了吃屎，會偷吃就是會偷吃。」雖然沒有指名道姓，黃男卻很在意，連夜從台北 ChiChi 家飆車回台中，半夜三更跑到 Sala 家外大吼大叫：「ＸＸＸ妳給我出來道歉，妳爸媽也給我出來道歉，妳們通通給我滾出來，妳們全家都對不起我，每一個人都在傷害我！」

Sala 的爸爸透過對講機警告黃男：「你再不走我會報警，如果你

再出現在這條街，我會把你打死。」原本態度猖狂的黃男，像個卒仔落荒而逃。

幾天後，Sala 聽說黃男把剛買的房子賣了，Sala 開始覺得黃男從頭到尾都不是真心想結婚，她只是幫助黃男拿到八百萬的工具人。她找了朋友陪她去黃男家搬回自己的東西，黃男電腦沒關，Sala 發現黃男另有三個約炮對象。

其中一個叫 Mou 的台南女生，是黃男多年的臉友，也是後來一起抽大麻的砲友。Mou 的生活照走乖乖女路線，戴著一副眼鏡，打扮很樸素，感覺很無害。她的臉書上充滿各種無病呻吟，雖然長得不漂亮，卻是會讓男人想憐愛的存在。

黃男：我找不到我的霧化器耶，有掉在妳那裡嗎？

黃男：幹，找到了，哈哈。

Mou：找到就好。

黃男：昨天我快被亂死，幾乎沒睡。

Mou：結果勒？

黃男：結果她把紙撕了，說不要了，我超傻眼。

Mou：不意外，是個很好談條件的機會，看你了。

黃男：我先開會。

Mou：你沒事打給我嘛，等你。

黃男：好，我可以傳訊息而已，因為她還沒搬走，不想讓她知道。

Mou：我就是要來關心這件事的。

黃男：哈哈，很怕我跟她打砲喔，哈哈。

（中間省略）

Mou：昨天看你比我印象中還高，183？

黃男：嗯啊。

Mou：而且覺得你很可愛。

黃男：是在撩我嗎？

Mou：本人也蠻帥的啊。

黃男：可是肚子很大，不及格。

Mou：欸 ...

黃男：嗚，我被嫌棄了。

Mou：哪有嫌棄妳。

黃男：有啊，說不符合砲友規格。

Mou：很想當砲友是嗎？

黃男：說不想是騙人的啊，電腦買到沒？

Mou：我請別人幫我找，3C 好難喔，你可以來找我玩。

黃男：哈，好，何時有空。

　　Mou 就是經典款的白蓮花，看起來一點都不起眼，殺傷力卻極
強。她如果自己不說，別人永遠不會把她和「玩人家老公」、「約砲」、
「抽大麻」聯想在一起。

黃男：話說這兩天她還是在盧不搬走，哈哈，我還在跟她溝通，希望她理性一點。她果然像妳說的，我昨天差點被硬上，幹！

Mou：哈哈哈哈。

黃男：還是說打一砲沒差？

Mou：她是抱著想要復合的心態，你們這樣應該還要再一陣子。

黃男：對啊，我也覺得，那別了，就是覺得不好，不然打砲誰不想。

Mou：做了就要繼續了耶。

黃男：要我選，我比較想跟妳啦。

這朵有心機的白蓮花真的傻透了，黃男從頭到尾擺明只把她當砲友，她卻對關係有所期待。其實 Mou 只是黃男亂槍打鳥的獵物之一，同一時間，黃男還試圖約一名塔羅占卜師出來打砲，還對著一個大頭照放了阿嬌（鍾欣潼）照片的女生發情。

Sala 前腳剛搬走，五天後 ChiChi 就以女主人姿態高調入住。ChiChi 特地找出一張舊照片，在 Instagram 上稱讚黃男真的很浪漫，原來去年某活動上就注意到自己了，兩人兜兜轉轉終於在一起，讚嘆這就是愛情。因為不想被當成小三，ChiChi 放閃之餘，還不忘澄清自己跟黃男從認識到交往只花了三天。

ChiChi 的舊照片讓 Sala 想起 2020 年陪黃男參加的一場建商活

動，當天黃男就提到，聽說負責策展的女生好像有很多資源，希望能攀上關係，以後就有機會透過她接到案子。當下 Sala 還鼓勵黃男去主動認識，那個女生就是 ChiChi。

Sala 開始研究 ChiChi 的背景，得知 ChiChi 是彰化伸港人，之前在某大時尚集團擔任時尚編輯，離職後搬到台中和黃男同居。Sala 有一個玩很大的男性友人在社群上發現了黃男和 ChiChi 的合照，驚訝地問 Sala：「他怎麼會跟那個婊子在一起？」原來 ChiChi 曾是男性友人一夜情的對象，雖然男性友人閱人無數，但是 ChiChi 主動要求無套讓他印象深刻，兩人當時也拍下性愛影片，影片到現在他都還留存。

以正常人的標準來說，Sala 各方面條件都輾壓 ChiChi，唯一輸的應該就是家族財力。據說 ChiChi 對外宣稱自己是某貨運高層的女兒，但是 Sala 查過，該貨運的董事名單沒有人和 ChiChi 同姓。

Sala 以為黃男這回真的遇到剋星，才會和 ChiChi 一搭一唱，三不五時放閃，但是黃男卻依舊在外獵豔，甚至跟一個他看上的女生說：「我女友長得不是很好看，遠遠比不上妳的美，我還在努力跟她培養感情。」

十年不見的同學 A 突然和 Sala 聯繫，確認 Sala 已和黃男解除婚約後，傳了 100 多張的對話截圖給 Sala。Sala 一邊看著對話紀錄一邊

發抖，原來黃男上網約砲約到了自己的同學，對話內容發生於 2019 年 11 月。

同學 A 也從事室內設計工作，一直都有追蹤 Sala 和黃男的 Instagram，之前曾用真實帳號想和黃男交流，但是黃男的姿態很高，理都不理。後來同學 A 開了一個小號，大頭照放了網路抓來的無臉大奶妹，隨手按了黃男一個讚，馬上就收到黃男私訊。

黃男：妳有 WeChat 嗎？介意那裡聊嗎？

大奶妹：這裡聊聊就好了啦。

黃男：哈哈，也行，想說怕女友會介意，雖然沒聊什麼，妳懂的。

大奶妹：女人心海底針。

黃男：哈哈，妳的 id ？

黃男和一般在外走跳約砲的男人很不一樣，從不隱姓埋名，也不避諱讓對方知道已有女友，一開始就擺明只想進行下體交流。

黃男：為什麼想用小帳號啊？開小帳是要買可樂嗎？

大奶妹：什麼是可樂？

黃男：哈，Google 一下，找床伴之類的意思。

大奶妹：好糟糕喔。

黃男：哈哈，我亂猜的，妳不要介意喔。

大奶妹：不會啦，介意個屁。

黃男：所以是我會錯意？

大奶妹：是有過啦，就人帥插進，人醜差勁，哈哈哈。

黃男急著想確認大奶妹有沒有約砲的經驗，以及她對約砲的態度，以免白忙一場。

黃男：感覺妳也很正啊，應該很多人追吧，雖然只有奶照，沒看到臉，哈哈。

大奶妹：現在還是會有人追啊。

黃男：當然，很有魅力啊。

看到這裡我笑了，原來大奶妹的臉長在胸上，黃男見奶如見人。

黃男：我想多看一些關於妳的照片，行嗎？哈！

大奶妹：想放的時候會放。怎麼會想看啊，想幹嘛？

黃男：想幹嘛～～～就看妳吧。

大奶妹：好啦，我想給你看的時候就會給你看。

黃男：現在不想喔，求美照。

大奶妹傳了一張點開一次就會消失的照片。

黃男：好可愛喔，點完就消失了，原來有這個功能，好酷喔，老人不太會用。妳幾歲啊？我應該長妳蠻多歲的。

大奶妹：25 了，你咧？

黃男：我大妳有點多喔。

大奶妹：你感覺應該 30 吧。

黃男：我 34 了，差妳 9 歲，25 是最美的年紀啊，嘖。

大奶妹：但我比較希望能 17。

黃男：17 歲還是 17 公分，哈哈。

黃男真的精蟲衝腦，對話不管怎麼繞，最後都會繞回性。

大奶妹：17 公分是罕物。

黃男：17 公分罕啊，哪裡罕，本人剛好過門檻。

大奶妹：稀有物種。

黃男：請珍惜使用。

講完「請珍惜使用」這麼不要臉的話之後，黃男迅速切換話題，不讓自己像個變態。

黃男：妳什麼星座？我射手。

大奶妹：獅子。

黃男：其實我沒什麼研究，就是問問。

大奶妹：還以為你也了解星座，各種了解。

黃男：那妳覺得獅子女生如何，有什麼在意的，或者不在意的。

最好黃男對星座話題有興趣，何必拐彎抹角，直接說出「我們來約砲吧」不是比較帥。

黃男：晚點吃飽來煮咖啡，我喜歡喝咖啡，幾乎自己煮，有些咖啡店沖的比我還難喝。

大奶妹：好有生活品味喔。

黃男：我可以煮給妳喝啊。

黃男接下來打了很多文字向大奶妹說明烘培咖啡豆的方法，如果忽略前面的對話，再配上黃男在 Instagram 上呈現的形象，真的會讓人有一種「這個男人的生活好有質感」的錯覺。其實黃男只想跟大奶妹來一杯「事前咖啡」或者「事後咖啡」。

黃男：妳該不會每天看 A 片吧。

大奶妹：就偶爾睡前會小看而已。

黃男：哈，這樣會想做吧。

大奶妹：對啊，白天上班會想說昨晚看了什麼，然後就覺得，天啊，我好想要啊。

黃男：蠻色的，100 分。那很想要怎麼辦？

大奶妹：就手指，當手指真的無法滿足時，只能找之前固定的伴罪惡一下了，畢竟安全比較重要。

黃男：嘖，想當妳的固定伴了，可以應徵嗎？

大奶妹：哈哈哈，但你不是有女友了，這樣好嗎？

黃男：固定的就無妨啦，如果妳不介意的話，哈哈。

大奶妹也是讓人大開眼界，感覺也是玩咖，和黃男撞在一起，一場翻雲覆雨指日可待。

大奶妹：你說一個自己的秘密吧。

黃男：多 P 成就達成，這樣算嗎？但是很久了，大約五、六年前。

大奶妹：多 P 你也有故事！

黃男：但就那次啦，天時地利人和。妳也有？

大奶妹：大學的時候去朋友酒吧幫忙，然後就剛好發生了。

黃男：我是和當時的固伴約了一對情侶交換。

大奶妹：那時酒吧還沒營業，準備中，一對情侶就說要不要來玩。

黃男：在酒吧裡嗎？

大奶妹：對啊，還有免費酒水供應，整個混亂。

黃男：超色，喜歡，很多人嗎？

大奶妹：四男三女。

黃男：超色，想到我就硬了，應該吃很飽吧。

對照前女友的提醒，以及黃男自己的說法，黃男果然已約炮多年，不只有固定性伴侶，還有多 P 的經驗。

黃男：還想試嗎？慘了，被妳說得很想。

大奶妹：是還蠻想的。

黃男：哈哈，可以約啊，妳那有對象嗎？偷偷跟妳說，我現在很有反應。

大奶妹：哈哈，也太沒凍頭了，你也慾望大？

黃男：嗯，想到就硬，哈哈，想看？

我發現黃男在講出不要臉的話之前或之後，都會故意「哈哈」帶過。

黃男：其實我很少跟女友做，她超無慾啊，哈哈，所以沒固伴很煩。

大奶妹：好慘，這樣生活會小悶耶。

黃男：所以想應徵固伴，哈哈，應該這樣說，我是妳的菜嗎？

大奶妹：是有點感覺啦。

黃男：我也是，就是這種聊天有內容，又有身材、又夠色，這種當固伴最棒了。

對話剛開始時，黃男第一次便用「固定伴」這個詞彙，接下來都縮寫成「固伴」。稍微 Google 了一下，發現「固伴」已是慣用語，黃男絕對是圈內人；而且黃男為了約砲故意顛倒是非，Sala 告訴我，她和黃男的性生活非常正常。

黃男：感覺妳蠻高的，我 183。

大奶妹：我 167，可惜了 17 公分，你再來結婚後也要乖乖了。

黃男：哈，還很久。但結婚真的會乖乖嗎？我覺得我不會耶，還是希望有固伴。那妳呢？交往中會想要固伴嗎？167 好高，妳很壞，我現在下面一包，在打報價單。

大奶妹：交往中還是會有固伴啊，畢竟我也不能黏著他。

黃男：很棒，有共識，要找到有共識的好難喔。

大奶妹：彼此都要有自己的空間。

黃男：那我們很適合，怎麼可以在 Instagram 上遇到想法這麼近的人，還能有共同的喜好。

不知道黃男是忘記了，還是害怕想起來，他早已是別人的未婚夫了，也辦過婚宴，只差還沒去登記。還有一點不是在開玩笑，根據黃男的陳述，他的下體好像無時無刻都在充血，為了避免組織壞死的風險，可能需要盡快就醫。

黃男：哈哈，妳要負責啦，想看妳壞壞的樣子。我現在床邊的地毯都燒起來了，需要救火，要看慘狀嗎？

大奶妹：好啊好啊。

來了，來了，黃男的陰莖勃起照從螢幕上跳出來了。

大奶妹：近距離照起來整個清楚。

黃男：太近了是吧，來交換吧！

大奶妹：傳說中 17 公分的罕物。

黃男：尺寸還行？想要別的？

大奶妹：我想想喔，先忙一下。

我到現在還是無法理解，爲什麼男人可以對著一張只露奶卻沒有臉的照片發春，還有勇氣把裸照傳給素昧平生的陌生人。

黃男：我剛脫光，正準備洗澡，妳還沒跟我說妳想看什麼耶，我正好能拍。

大奶妹：有身材照嗎？

黃男：哈，我沒六塊肌喔，先說。

黃男沒有說謊，Sala 給我看過黃男吸完大麻後，像隻死豬攤在沙發上的照片。黃男穿上衣服還勉強過得去，脫掉衣服後根本慘不忍睹，肚子上的肥肉看得出來過得很放縱。

大奶妹：你有刺青耶。

黃男：嗯啊，很多都我自己畫的。

大奶妹：好強，已經各種會了你。

黃男：看完身材照了，合格嗎？

分享完正面的全身裸照後，黃男欲罷不能，傳了讓人驚嚇的菊花照。

大奶妹：哈哈哈，屁股！

黃男：生火了嗎？

大奶妹：還可以，乾乾淨淨的，小火了。

黃男：哈，那怎麼讓妳變火大，我想看妳的。老實說我變色的，妳還 hold 得住？

大奶妹：我有點睏意了，有點眯眯眼了。

黃男：那視訊？還是講電話？或者直接去找妳？不如瘋狂一點，我們去 chill out 好了，很久沒這樣。

大奶妹：趁踏進愛情墳墓前瘋一波？我太睏了啦。

黃男：當然，妳這樣不行，還這麼年輕，我微大叔了都比較有活力。我現在發車，很快就到，把妳從床上挖起來。

看到這裡不禁悲從中來，如果每個男人對待自己的正宮也這麼有心，就不會一天到晚有人分手了。Sala 對照對話日期查看之前的行事曆，那時候黃男知道她要去做私密處除毛，吵著也要去，他一直嚷嚷屁股有毛去工地很熱很不舒服，想把屁毛除光，兩年多後 Sala 才知道原來黃男當時另有目的。

大奶妹：改天可以嗎？

黃男：想立馬去找妳，見個面也行啊，就放妳回去睡覺。

大奶妹：ha，真的很不乖耶。

黃男：大叔我叛逆，見妳就乖了，噗。

大奶妹：我睏了。

黃男：嗯，哭，好啦，明天好嗎。

大奶妹：ok。

黃男：哈，那妳要給我看妳嗎，Plz，其實我現在是硬的，哈哈。

大奶妹：你也硬太久。

黃男：沒啦，剛才硬的啦，妳說小生火開始，哈，就想吃妳。

大奶妹：是多久沒做了啊。

黃男：大概兩個禮拜吧，妳呢？

大奶妹：三天。

黃男：好色喔妳。

大奶妹：禮拜日才去浪的。

黃男：想每天被插嗎？浪的是什麼嗎？哎唷，我好硬，妳救我，哈。

大奶妹：就出去玩啊。

黃男：喔喔，去夜店？還是找固定？

大奶妹：固定的，剛好他也有空。

黃男：嗯嗯，很讚，這樣我也放心～～哈哈，那妳又多一個人可以約了耶，哈哈。

真的莫名其妙，敢約就不要怕得病，砲友還講什麼放不放心。

大奶妹：納入名單。

黃男：哈，名單很多嗎？

大奶妹：三個而已。

黃男：講到這，我現在火燒，想妳滅火。三個？都固定嗎？那固定蠻多的啊，哈哈，我只想找一個，就是妳了。

大奶妹：hahahahaha，那要小心不能被發現。

黃男：好，我不會啦，所以才說WeChat最好，妳不說沒人會發現，我很注意的。

看吧，我在粉絲頁就提醒過，如果一個男人只願意透過WeChat跟妳聯絡，除非他是中國人，否則絕對百分之百是垃圾。那個一次劈腿8女的廖姓旅遊節目主持人就遭友人爆料，指稱他會將女人分類，「有空再聯絡」的對象一律只用WeChat往來，「願意花時間」的對象才會互加LINE。

黃男不知道哪來的自信，又傳了一張勃起照給大奶妹。

黃男：想視訊？

大奶妹：沒化妝，nono。

黃男：不拍臉也可以，胸部超美啊，靠，想舔。

大奶妹：覺得顏色不美麗。

黃男：我可以，100分，我在尻，想尻給妳看，哈哈，好想要妳。

大奶妹：出來了嗎。

黃男：想插很深，沒那麼快啊，哈哈，可能不夠色，我想要妳的洞，妳喜歡看男生怎麼弄？尻嗎？還是？

為了讓大奶妹身歷其境，黃男傳了一段自慰影片給大奶妹。

黃男：這樣夠色嗎？妳生火了嗎？

大奶妹：很會抓角度。

黃男：尻照也要拍得美，想插妳。

大奶妹：但我想睡了。

黃男：哭，我也想看妳的，拍影片嗎？

大奶妹真的傳了一張下體照給黃男。

大奶妹：我不是白虎喔，毛有點長 Sorry。

黃男：不會啊，好想舔你穴，喜歡被舔嗎？

大奶妹：會吃到毛耶。

黃男：妳小穴怎麼也淫了？沒關係，妳舒服比較重要，當然要服務妳啊。

大奶妹：感覺得到 17 公分了。

黃男：有被 17 插過？

大奶妹：有啊，有遇過洋腸，覺得痛苦。

黃男：不舒服喔？

大奶妹：嗯啊，太長覺得痛而已。

黃男：結果怎麼辦？口出來嗎？感覺妳超會。

大奶妹：對啊，後來跟他說幫他 bj。

黃男：妳可以用嘴吹射喔，我可以幫妳 69。

大奶妹：就找他敏感帶啊，都是頭的那一環。

黃男：嘖，想被吹，射嘴嗎？

大奶妹：嗯嗯，不然拔出來射到臉很麻煩。

黃男：想射妳嘴，行嗎？

大奶妹：可啊。

我的下巴快要掉下來了，原來現在不論男女都玩很大，我已經完全跟不上。

黃男：妳跟固定會戴嗎？

大奶妹：會啊，雖然溫度有差。

黃男：妳一定不喜歡戴，我覺得。

大奶妹：但還是保險一下。

黃男：我只跟我女友，所以沒戴，很久沒戴了，喜歡無套，射嘴。

大奶妹：你說射妳女友喔？

黃男：嗯，但現在想射妳的。

大奶妹：超色。

黃男：射了靠，終於，手要斷了。

大奶妹：濃嗎？兩個禮拜應該蠻驚人。

黃男：沒耶，我的很少，以前就這樣，比一般人少，我要去抽菸了。欸，打給妳要不要？

大奶妹：好累，放過我吧。

黃男的手法很拙劣，明眼人一看就知道他在搞什麼。他把自己的期待套在別人身上，試圖引誘對方說出不戴套也可以。

　　黃男：古莫寧～對了，妳今天晚上想見面嗎？但大概要10點左右。

　　大奶妹：我可能會加班，今天單很多，下班要看看幾點了。

　　黃男：會很晚嗎？我是還好，晚點我比較方便，晚上想見妳。

　　大奶妹：看看幾點下班囉。

　　黃男：女友叫我去找她，哈哈，但是我想壞壞。

　　大奶妹：今天可能無法啦，你先找女友推一砲。

　　黃男：想推妳啦，想到就硬，哈哈。

　　大奶妹：好糟糕喔，棄女友之外，硬別的女孩，正港的壞孩子。

　　黃男：對啊，正港壞壞，喜歡嗎？哈哈，一直在想昨天的奶，好想再看一次，幹，我這樣硬，要在工地打手槍喔，哈哈。

　　Sala說過，同居時黃男有時候半夜會突然不見人影，應該是溜出去約炮了。而且黃男越玩越大，竟然想在工地打手槍，要是案主知道了情何以堪。

　　大奶妹：你會咬奶頭嗎？

　　黃男：會，邊舔邊把它含著，咬它，這樣及格嗎？

　　大奶妹：啊，這超興奮的！

　　黃男：如果妳拍現在上班溼掉的樣子就更色了，去廁所摸一下。

大奶妹：超壞的。

黃男：喜歡哪種形狀？我的喜歡嗎？

大奶妹：你的頭蠻大的，是舒服的那種型。

黃男：哈，想被我插嗎？

大奶妹：是你想插我吧。

黃男：妳妹妹看起來超緊，想塞滿了，我在工地褲子一包啦。

大奶妹：大家妹妹都很緊好嗎。

黃男：沒喔，有很鬆的，一個沒感覺，幹不射。想看妳的胸部，噴，直播一下 LIVE 啦。

大奶妹：我先去忙了。

黃男：愛你，加油喔。

黃男的愛和性都好廉價，他連大奶妹的臉都沒看到，就可以暈成這樣。秀完屌照、屁眼照、自慰影片後，黃男開始傳有穿衣福的自拍照。

黃男：我帥嗎？是妳菜？

大奶妹：不醜且乾乾淨淨的。

黃男：我家 9 號到 19 號都沒人，家人出國，要來我家嗎？可以在沙發做、餐桌做、廚房做，哈哈。

大奶妹：會不會到處有水痕。

黃男：可能喔，妳很會噴水嗎？

大奶妹：不會耶，但每次都會溼一片蠻苦惱的。

黃男：遇到大龜頭就會吧，哈，溼好啊。

大奶妹：因爲乾掉會像鹽巴一樣。

聊到第四天，兩人終於約好隔天在台中好市多會合，先在停車場打一砲後再一起回黃男家。

大奶妹：你有女友衣物嗎？

黃男：有啊，要找找。

大奶妹：我要穿著，這樣超有成就。

黃男：怎麼說？妳在幹別人的男友嗎？

大奶妹：就穿著她的衣物玩她的男人。

黃男：她放我這的很少，那妳有戰服嗎，妳好色，愛死，我硬爆了，煩欸。

大奶妹：沒戰服，平時沒啥機會穿也沒買。

黃男：沒關係，小丁就好，哈哈，基本吧。

大奶妹：ok。

黃男：那可以用按摩棒邊插妳屁股，我一邊幹妳嗎？

大奶妹：好。

黃男：我可以從背後拍戰服給妳看，哈，好想幹妳，煩死了現在就想要，想射出來。

大奶妹：haha，很會，我要睡啦，睏睏。

黃男：嗚，很壞，誘惑我。

大奶妹：明天好好服務就是。

黃男：妳以前也穿過別人的嗎？穿什麼，哈，硬死了！

黃男再次傳了一張即時屌照證明自己的堅情。

大奶妹：會啊，都穿內褲或者襯衫，要他們射在上面，內褲不脫翻開插。

黃男：還有呢，一定有更色的。

大奶妹：整個成就大增，我真的睏了，明天見囉，愛你。

黃男：戰服不知道收去哪，我找，我也愛妳。

我真的不知道我究竟看了什麼東西，男女朋友之間應該都不太可能這樣對話，為什麼兩個陌生人可以聊得這麼露骨？還是正因為彼此不認識，才如此放得開？

黃男：早，我起來了，待會出門，有煮咖啡給妳喝，哈哈。

大奶妹：（傳了一張照片）我在這抽菸。

黃男：你到了喔，這麼快，等我一下喔。

黃男到了 Costco 之後，開始聯絡不上大奶妹，只能瘋狂傳訊息。

黃男：Hey，妳該不會放我鴿子吧？

黃男：嗚嗚。

黃男：我想不會才對。

黃男：？

黃男：我想離開了。

黃男：？

黃男：我 1:30 還有會議。

黃男：？

黃男：Hi，我還在等妳。

心急如焚的黃男，打了視訊電話給大奶妹，大奶妹沒有回應。

黃男：妳還在嗎？

黃男：今天如果不行妳可以跟我說，我不會生氣。

黃男：妳可以回一下嗎？

黃男：我先離開，我會去逢甲工地，妳回去時，時間如果許可，還可以見個面。

黃男：我有煮妳的咖啡。

黃男：也帶了頭痛藥。

黃男：也帶了妳想要的衣服，哈。

黃男：等妳回吧。

黃男：我不知道，感覺有點差，不知道妳是為了什麼原因才這樣，但都沒關係，等妳回吧。

黃男：我剛轉出來。

黃男：要我回去嗎？

黃男：？

黃男回到工地後，依舊不死心。

黃男：我在工地了，妳想見面嗎？
黃男：Hey，能跟我說為什麼嗎？我想知道。

隔了很久，大奶妹終於回應了，她向黃男坦承自己是 Sala 的同學，她不敢相信黃男竟然會如此背叛她的朋友，聊天過程中她一直給黃男機會，希望黃男至少表示其實自己還是愛著 Sala，無奈大頭一直管不住小頭，可是黃男的態度卻讓她替 Sala 感到難過。

大奶妹要求黃男做決定，如果他想繼續玩，就不要耽誤 Sala，如果他想繼續和 Sala 在一起，就必須安分守己。大奶妹不想毀了黃男的人生，只要黃男答應不再傷害 Sala，兩人的對話就不會對外公開。

原本精蟲衝腦的黃男瞬間驚醒，承諾大奶妹之後一定會好好對待 Sala，並保證永不再犯，如果他又做出任何傷害 Sala 的事情，他願意任憑大奶妹處置。

Sala 想起搬離黃男家時，黃男從櫃子裡拿了一個袋子給她，裡頭裝了她的睡衣，當時她想不透為什麼睡衣會獨立裝進袋子裡，現在終於搞清楚原因。

黃男很多行為都異於常人，即使知道了大奶妹是自己未婚妻的國中同學，大奶妹也曾經警告他不要再貪玩，黃男還是希望可以跟大奶妹再續前緣。

　　黃男：妳之前怕我變妳床伴嗎？哈哈。

　　大奶妹。是有擔心過啦。

　　黃男：就算是也很好啊，妳能懂我，我也懂妳。

　　大奶妹：靠腰，不准發生這種事的。

　　黃男：妳忍得住？

　　大奶妹：可以的，我個性很硬。

　　黃男：妳可以我可以啊。

　　大奶妹：你還是回去陪 Sala 啦！

　　黃男：其實我會怕。

　　大奶妹：怕啥，想幹壞事喔？

　　黃男：我不知道妳是誰，但是很多事都跟妳說，所以怕。跟妳成為床伴算壞事嗎？

　　大奶妹：對我算壞事啊，對不起 Sala。

　　黃男：她不用妳用的概念嗎，哈哈哈！

　　大奶妹：跟朋友的未婚夫這樣太邪惡了。

　　黃男：很邪惡但想試，不是別人都行，是只想跟妳，但妳明明想過，妳也很邪惡。

　　大奶妹：呃，你之前有過床伴嗎？

　　黃男：有啊，一個維持一年，兩個幾個月，因為我不太戴套，所

以我怕有病，哈哈，她們都是人妻，我每半年會自費檢查。

黃男對大奶妹有著讓人不解的執念，他不斷邀請大奶妹到他家喝酒吃 Pizza。大奶妹掙扎著要不要告訴 Sala，說了怕她傷心，不說又擔心她受傷，最後還是決定先把一切當成秘密。直到兩年後聽說 Sala 解除婚約，才把真相通通告訴 Sala。因為想給黃男一個教訓，大奶妹特地開了一個 Instagram 帳號，把之前和黃男的對話通通放上去，為了讓黃男發現自己，大奶妹故意去黃男那裡洗了一排讚。

黃男催促 Sala 快點返還之前婚禮的費用，卻不敢跟 Sala 爸媽碰面，找了一個同為渣男的朋友協助善後。但是 Sala 堅持一定要由雙方家長出面，最後兩家人約在星巴克。

黃男那邊出動爸爸、媽媽、叔叔大陣仗登場，Sala 這邊只有爸爸出席。雙方爭論過程全程台語發音，雖然黃男那邊三打一，Sala 爸爸還是略勝一籌。當黃男媽媽氣焰囂張地要求 Sala 爸爸把喜餅錢吐出來。Sala 爸爸霸氣回嗆：「都變成大便了，是要還妳大便嗎？」

黃男媽媽氣瘋了，開始胡亂指責 Sala 的罪行，因為實在太羞辱人，Sala 爸爸不忍了，拿出一把錢丟在黃男媽媽面前：「妳兒子浪費我女兒四年！」黃男媽媽只顧著數錢，頭都沒抬起來：「男人都會偷吃啊，是妳女兒不能接受。」Sala 爸爸差一點就要失控動手，還是忍了下來，他告訴黃男媽媽：「妳兒子不只偷吃，還傳懶覺給人家看。」

黃男媽媽歇斯底里的怒吼：「你有證據我兒子把懶覺給人家看嗎？」有備而來的 Sala 爸爸早就把黃男和大奶妹的對話紀錄印出來裝訂成冊，黃男媽媽翻了幾頁，看到自己兒子的懶覺照後情緒失控：「如果你敢給人家看，我就告死你，這是私人對話，這樣侵犯個人隱私，信不信我告死你！」黃男爸爸眼看情況不妙，出面緩頰：「好啦好啦，今天就這樣。」迅速把黃男媽媽帶離現場。

　　黃男最後一次和 Sala 聯絡，是要求 Sala 退出粉絲專頁的管理員。Sala 真的很宅心仁厚，其實她可以先把黃男踢出去，再把整個粉絲頁刪除，讓粉絲頁從此離黃男而去。

　　Sala 在 Instagram 發了一篇文章，說明自己已經不是黃太太，也公開這段日子的經歷；黃男也跟著在半夜發表聲明，他說雙方先前已和平簽妥離婚協議，他不明白為什麼 Sala 要持續性地情緒性發言，他希望 Sala 可以放下，彼此好聚好散。

　　Sala 一看就知道那份聲明應該出自 ChiChi 之手，因為黃男文筆很差，之前粉絲專頁的文章很多都是花錢請人代筆，他自己根本寫不出任何東西。

　　黃男雖然表面上說不會再對 Sala 的言論做出任何回應，私底下卻恐嚇 Sala，說要告她妨害名譽。黃男打出一段幫自己洗白的文字，

強逼 Sala 照著發在 Instagram 上。黃男不知道是腦袋撞到還是腦子壞掉，兩人已經沒有任何關係，他憑什麼覺得 Sala 會聽從他的指示；而且明明自己滿滿的黑歷史，怎麼好意思要受害者還他清白。因為 Sala 一直不肯答應，黃男開始以死相逼。

從那時候開始，ChiChi 好多發文的目標受眾似乎都鎖定 Sala 一人，好像很怕 Sala 不知道她現在和黃男有多幸福。當 ChiChi 分享和黃男假掰的恩愛照，假掰地寫下：「願精神花園，永不荒老。」黃男也矯情回應：「感謝妳甜美，出現在我身邊。」

一開始 Sala 還覺得有點難過，但是看著黃男和 ChiChi 在社群上的高調表演，傷心的情緒慢慢轉為憤怒。調整好心情後，Sala 決定把黃男的渣行分享到社群，只要多一個人看到，她的快樂就會多一點。

當時那則發文共有 900 多人分享，一個女生看完後主動和 Sala 聯繫，她告訴 Sala 自己曾是黃男亂槍打鳥的對象，當時黃男還抱怨已經一年多都沒跟女友做愛，說自己有女友卻跟單身沒兩樣，不懂為什麼女友不放他自由。黃男一邊貶低 Sala，一邊稱讚對方好甜美，希望能有進一步的交流。但是那個女生當下就發現黃男價值觀偏差，不願和他繼續聊下去。

2022 年的 8 月 8 日，ChiChi 高調地發表了交往週年宣言，Sala 翻看去年同期跟黃男的訊息，8 月 5 日那天黃男還告訴 Sala 他真的不

想和她分開，一想到四年多的感情還是會忍不住落淚。說著說著，黃男的老毛病又犯了，他傳了一張屌照給 Sala 表達思念，說自己想著 Sala 想到屌都溼了，還說 Sala 用起來實在太爽，他還想繼續用下去。

敲鑼打鼓地慶祝交往紀念日後，ChiChi 飛去英國遊學三個月。即使相隔兩地。這兩個人永遠有辦法在社群上繼續曬恩愛。黃男找到一座舊式的公用電話亭，說他要打越洋電話給 ChiChi；ChiChi 在英國看到美好的風景，也會對黃男喊話：好希望你也在這裡。

黃男表面上看起來像隻忠狗，骨子裡還是忍不住捻花惹草。ChiChi 出國不到一個月，黃男又跑去台北酒吧找樂子，搭訕到 Sala 的朋友。

Sala 因為工作關係認識了房仲 C 先生，C 先生想起之前曾經帶黃男和 Sala 看過房子。他向 Sala 抱怨黃男又白痴又媽寶，當時黃男因為不希望 Sala 共同列為房屋持有人，大半夜把他叫出去斡旋，簽約後 12 小時不到又以家人不喜歡為由退訂，浪費他超多時間。C 先生的說法讓 Sala 更加肯定黃男當初只是利用她拿到 800 萬。

一直到現在，我還是想不透黃男為什麼會想要拍一張菊花照，以及他到底如何自拍出一張菊花照。試著想像那畫面，黃男必須先在後方架好相機，接著翹起屁股，用兩隻手分別把左右的屁股撥開，確認菊花外露後，最後透過聲控拍照。

Sala 重蹈了前女友的覆轍，即使發現黃男不停約砲，還是相信他可以改過，還是一再給他機會，所以一個傻了七年，一個笨了四年。黃男身上應證了約砲永遠只有零次和無限多次的差別，當開關被打開之後，就會情不自禁搞下去。像黃男這種喜歡拿性事來說嘴的人，不會因為被人發現約砲而感到羞愧，相反地，他會覺得約砲可以約到很多人是一件值得驕傲的事情，所以他才會跟 Sala 炫耀研究所時因為睡了助教，最後才能順利畢業。

　　交往後期，Sala 覺得自己活像個智障，分手後所有病症通通不藥而癒。一個精神科醫生跟我說過，每當病人有感情困擾問他該怎麼辦才好，他都會說：「分手就會好一半。」通常真正有病的是那些把人搞到快要神經病的神經病，只要遠離病源，自然就會痊癒。

　　解除婚約後，Sala 面對許多來自外界的關心。一開始她不知道怎麼回應，後來決定說出實情。親友們原本都說可惜，後來紛紛改口恭喜。她知道浪費的 4 年不可能回來了，但是她不能繼續浪費 40 年。她很慶幸自己做出了正確的決定，終於有勇氣還給自己更好的人生。

　　一般人的故事裡，光是一個渣男就讓人受不了，但是 Sala 的版本裡，卻遭遇了來自渣男和婊子的雙重打擊。分手後，黃男幾乎是光速認愛 ChiChi，ChiChi 也不停明示自己才是黃男的真愛。

很多女生的生命中都曾經出現一個ChiChi，她以勝利者的姿態把男人帶走了，妳開始不停打探關於他的點滴，也自虐地把自己和她放在天秤兩端比一比。不知道為什麼，她好像樣樣都贏妳，妳不自覺地縮小她的缺點，也看不到自己的優點。直到多年後當妳再次想起這號人物，才發現當初看婊子都用濾鏡。

渣男和婊子本來就天生一對，渣男最後選擇婊子也是理所當然。當假掰的人遇上假掰的人，就讓他們活在Instagram的世界裡。其實他們都只是彼此生命中向別人展示美好的道具，他們的愛只是表演，目的是讓所有人相信他們真心相愛，包括他們自己。他們想要高調放閃就隨他們去，那些都不關妳的事，當他們走到分手那天，兩個人會刪文刪到死。

如果妳抓到男友約砲，他卻告訴妳一切都是意外，千萬不要相信，看看上面的對話，妳就會明白沒有什麼不小心、也沒有什麼不得已。

黃阿飛啊黃阿飛，我想你應該還是會讓鳥兒繼續在外飛啊飛，不知道下一秒又會亂入哪個妹子的下體，但是我必須告訴你一個殘酷的事實，那個讓你硬了下體，也讓你情不自禁分享菊花照的無臉大奶妹，其實是個和馬東石同款的漢子，單手就能舉起你！

7

敝姓成，但是我的下體姓陳
——甜不辣手指頭獎

2021 年 11 月 15 日，社區管理員用一種很微妙的表情跟我說：「╳小姐，有妳的掛號信。」我接過一看，是中壢分局寄來的郵件。

這是我人生中第一次收到這種東西，當下感覺晴天霹靂，好不容易回過神，想起三天前 Queen 才告訴我她收到了大安分局通知書，應該是同一件事情。

我馬上電話聯絡負責偵辦的警察先生，好死不死，他當天放假，其他警察也不知道怎麼一回事，因此我度過了史上最焦慮的一天。隔天一大早，我再次致電中壢分局，終於和承辦警察取得聯繫。

警察的態度非常和善，問我是不是有在社群上撰寫渣男故事？有人到分局報案，告我「妨害名譽」。因為當時我已經累積寫了十篇，我問警察是哪一篇，警察告訴我是第一篇。我向警察確認：「是姓陳的那一篇嗎？」警察說是，接著跟我確認可以到案說明的時間。

掛掉電話後，我腦中閃過好多聲音：「天啊，我被告了！」、「我會不會有案底啊？」、「怎麼這麼衰，為什麼是我？」、「渣男怎麼這麼不要臉，怎麼有臉去提告？」

這一切起因於 2021 年 8 月 11 日，在我出版了《渣男動物園》一書，並經營同名社群後，一些讀者會主動和我分享比鬼故事還要恐怖的愛情故事，我決定以《渣男事件簿》的方式連載渣男事蹟。前往提

告的陳姓男子，是頭號登場人物。

陳男，桃園中壢人。應該是 1991 年 -1993 年間出生，天秤座。號稱 178 公分，但是目測應該不及 175 公分，體型中等偏胖。嘴唇稍厚，明顯雙下巴，長相神似醜版陶喆，特徵是手指頭又肥又短，很像甜不辣。

陳男自稱在「龍潭工研院」工作，平時以機車代步，約砲時才會出動上了年份的銀灰色掀背 Lexus。聽說養了一隻狗「Q 比」還有一隻鳥「凸幾」，表現出非常熱愛小動物的樣子。

皮膚曬得黝黑發亮的 Queen，是一個充滿健康時尚美的女生，很像歐美沙灘上會讓人眼睛一亮的正妹。她和陳男認識於 2020 年，當時 Queen 已經單身兩年多，好姐妹建議 Queen 可以試著透過交友軟體認識新對象，主動幫 Queen 下載了「探探」，沒多久就和陳男配對成功。

因為陳男放在交友軟體上的照片看起來都不差，聊了一個多月後，Queen 答應和陳男約會。初次見面時，Queen 覺得陳男怎麼跟照片上看起來很不一樣，修圖神技應該跟抖音少女有得拼，相似度大概只有 30%，本人是被車碾壓過的版本。但是 Queen 提醒自己人不可貌相，這年頭人品好比較重要。

因為跟陳男還算聊得來，Queen 又答應了陳男第二次、第三次的約會。陳男主動和 Queen 提及前女友的事，聲淚俱下地說，原本已和交往六年的前女友論及婚嫁，但是前女友卻被他抓姦在床，最後協議分手。陳男貌似誠懇、淚眼汪汪、深情款款地告訴 Queen，雖然前女友讓他戴綠帽，但是他還是願意相信愛情，希望可以和 Queen 走下去。

因為從沒見過男人在自己面前哭成淚人兒，Queen 放下了戒心，覺得陳男雖然長得不怎麼樣，但是應該是個好人。第四次見面時，兩人在外過夜，發生了關係。

當天 Queen 才剛到家，Instagram 馬上收到一個小號傳來的訊息，劈頭就問 Queen 是否認識陳男。對方和 Queen 坦承身分，她是一名小護士，之前透過交友軟體和陳男認識交往，後來發現陳男是個大騙子，同時在網路上騙了很多女生。為了揭發陳男的罪行，小護士創了一個 LINE 群，問 Queen 願不願意加入。

Queen 第一時間差點昏倒，想說怎麼這麼剛好，才剛發生關係，就得知這種消息。但是很快地她安慰自己其實很幸運，要是繼續被蒙在鼓裡，不知陳男會騙到何時。而且 Queen 試車後很不滿意，覺得陳男不只身材爛、尺寸也迷你，持久度和硬度通通不行，更毫無技巧可言，原本正苦惱這種爛東西要怎麼一直用下去，幸好上天眷顧，讓她趁早發現趁早解脫。

群組內除了 Queen 和小護士外，還有一個酒店妹，以及一個年紀稍長的姊姊，每個人都是透過交友軟體認識陳男。小護士和陳男交往的時間比較長，也發生多次性行為，甚至還下體發炎，受害程度比較深；酒店妹和陳男一直說要見面，但是時間始終兜不上，陳男只能打嘴砲而已；大姊姊則是陳男的新目標，現正詐騙中。

加入群組後，Queen 才知道陳男的手段如出一徹，他向每個女生泣訴前女友讓他抓姦在床，也嚷嚷他很想結婚，希望能以結婚爲前提交往。

四個女生開始把陳男傳來的訊息截圖傳到群組裡，發現陳男爲了省事也不出錯，統一叫每個女生「親愛的」，而且陳男每次訊息都群發，四個女生都會同時收到相同的內容，而且每天晚上七、八點一到，陳男就會固定搞失蹤，理由是他要陪家人看八點檔或玩 Wii。

四人經比對發現，陳男竟然有三支手機，「通訊管理」做得非常好。和 A 出去時，就會攜帶平時與 A 聯繫用的手機；和 B 出去時，就會攜帶平時與 B 聯繫用的手機，讓其他女生無法和他聯繫，避免東窗事發。

幾天後，陳男又約 Queen 見面，Queen 拒絕了。她告訴陳男，他在搞什麼鬼她都知道了，兩人到此爲止，以後不要再聯絡了。陳男裝

傻，問 Queen 是什麼意思？ Queen 告訴陳男，很多事情不用說得那麼清楚，彼此心知肚明就好。從那天起，陳男全面封鎖 Queen。

陳男開始火力進攻大姊姊，其他三個女生都會即時充當軍師，教大姊姊回應。有一次 Queen 和大姊姊相約吃飯，陳男正好傳了訊息過來，大姊姊告訴陳男待會她會開車經過龍潭工研院，兩人可以碰個面。陳男猶豫了一下才答應，接下來卻搞失聯，直到得知大姊姊離開後才出現。陳男解釋長官突然找他，他走不開，不好意思讓大姊姊苦等了那麼久，之後他會找機會補償。

四個女生懷疑陳男根本不是工研院員工，也在 Dcard 上發現有好幾個大學生出面爆料曾被一個名叫「陳彥維」的男子騙砲，她們決定把陳男拐出來，給他一個教訓。

2020 年 5 月 8 日，陳男載大姊姊到 Sogo 復興館 9 樓咖啡廳用餐，小護士和了 Queen 埋伏在旁，為了讓陳男沒有戒心，兩人等陳男飽餐完後才一湧而上，在同桌坐了下來，陳男嚇到臉色發白。

小護士情緒很激動，質問陳男為什麼要騙她，Queen 也指責陳男不該到處騙砲。為了讓自己脫罪，陳男坦承自己確實透過交友軟體與多名女子發生關係，有的因為他下體發炎，有的還曾經被他搞大了肚子，現場三個女生的遭遇都不是最慘的，陳男希望她們高抬貴手，放他一馬。

陳男試圖替自己的行為找藉口，他說自己之所以變成這樣不是故意的，當初被他抓姦在床的其實就是他的現任女友，為了報復女友的不忠，陳男才開始四處騙砲，也把怨氣發洩在其他無辜女生身上。

陳男終於發現大姊姊一直在錄影，自知丟臉，馬上把帽子和口罩戴上，也盡量拉低帽簷。

大姊姊告訴陳男，小護士之前對他真的動了感情，下體也被感染，陳男應該要負點責任。陳男主動問：「那要給妳們多少錢？」大姊姊說：「那就看你的誠意了。」

陳男想了一下，他說他沒有錢，只給得起六千元。三個女生嗆陳男之前不是一直炫耀自己有好幾百萬的存款，還說名下有房有車，怎麼現在又說自己很窮？

陳男最後開了一個兩萬塊的數字，三個人跟著陳男走到提款機。陳男提領了兩萬塊，全都給了小護士。三個女生要求陳男拍下道歉影片，希望他引以為戒，如果之後被她們發現繼續騙砲，就會把影片發到爆料公社。陳男得知自己先前的渣行已經被其他受害者公開在Dcard，整個人受到很大的驚嚇。

陳男不情願地拿下帽子，脫下口罩，雙手合十對著鏡頭說：「我真的對之前傷害過的女生非常非常抱歉，我從今天開始，絕對不會再

用感情去騙女生，眞的很抱歉。」說完後馬上戴上口罩。

離開 Sogo 後，Queen 到附近店家和酒店妹碰面。酒店妹當天下午之所以沒有加入「婦仇者聯盟」，是因爲她要和她心儀的砲友 Jacky 約會。世界就是這麼小，Jacky 竟然是陳男的超級好朋友。

陳男自投羅網，逃離現場後，打了電話給 Jacky。Jacky 開了擴音，讓在場的 Queen 把對話全部錄下來。

陳男：我之前不是有在網路上約嗎？

Jacky：你不是很常約嗎？

陳男：對，我約到一群女生來找我。

Jacky：眞的喔，你這麼開心喔，約到一群女生，那不是很爽嗎？

陳男：之前被我騙過砲的全部來找我了。

Jacky：（笑）全部來找你？

陳男：對，今天一共三個。

Jacky：哇靠，你玩到出神入化耶。

陳男：幹，來找我要那個精神賠償。

Jacky：哈哈哈哈哈 ...

陳男：屌吧，我約一個女生出來，結果另外兩個都來了。

Jacky：哇靠，那你賺到耶，三打一？

陳男：我跟那個女生吃到一半，然後突然有兩個衝出來。

Jacky：吃什麼？吃飯還是吃什麼？

陳男：我們就去台北 Sogo 有沒有，忠孝東路的 Sogo，然後吃飯吃到一半，另外兩個，她們都不認識的，幹，一起出現你知道嗎？

Jacky：幹，三打一，你那麼厲害！

陳男：我把一個女生騙出來，結果其他被騙的也都出來，就是我載那個女生去台北，然後坐下來以後，吃到一半，另外兩個突然坐在旁邊，她們說：「還記得我嗎？」

Jacky：那全部一塊吃啊。

陳男：然後要我道歉啊。

Jacky：哇靠，這麼誇張。

陳男：幹，真的沒騙你咩！然後要求精神索賠喔，還說有一些女生沒有出面的，不過這個我相信。本來另外還有兩個女生，想要找人來處理我，然後被今天出現的三個壓下來了。

Jacky：那，我只能說你在外播的種都發芽了，通通回來找你。

陳男：對啊，都回來找我了啊。

Jacky：那很開心啊，那就直接三打一、四打一啊，跟所有女生一起打就好了啊。

陳男：然後她們就叫我精神索賠。

Jacky：精神索賠？

陳男：我等一下再打給你，掰掰。

以上是陳男找 Jacky 抱怨的真實對話內容，陳男對於自己騙砲的行為已坦承不諱，也表明除了現場的女生之外，還另有受害者。

原以爲這件事情過後陳男會記取教訓，沒想到一個月後，陳男又強勢復出，果然是貨眞價實的騙砲王，死了都要砲。

透過朋友分享，Queen 得知了「渣男動物園」粉絲頁，決定私訊給我，希望我可以幫忙把故事寫出來。2021 年 8 月 11 日那天，文章一出，馬上被熱烈轉載，聽說陳男很快就知道自己上了頭條，號召了一堆朋友對文章提出檢舉。

3 個月後，11 月 12 日當天，Queen 收到了大安分局寄來的通知書。與承辦警察聯繫時，警察問 Queen 是否還記得 2020 年 5 月 8 日那天在 Sogo 復興館發生了什麼事？是否還記得那個男生的名字？警察告訴 Queen，該名男子對她提告「妨害自由」以及「勒索取財」；3 天後，換我收到中壢分局寄來的通知書。

我到現在都還記得 2022 年 11 月 28 日的壞天氣，那天氣溫很低，天空飄著雨，我走出中壢火車站時還迷路，但是因爲四周放眼望去都是週日出遊的外勞，根本找不到人問路，折騰了好一會兒，終於抵達中壢分局。

負責承辦的警察本人跟電話中一樣客氣，他打開攝影機，讓我坐在他身旁做筆錄，他點開了電腦裡的幾個檔案，問我那些文章是不是我寫的。我發現事情有點不對勁，我問警察：「告我的人姓『成』嗎？可是我文章中寫的是『陳╳維』，是不是哪裡出錯了？」

警察告訴我，其實陳男姓『成』不姓『陳』，他先前已經來分局三次了，每次都跟老婆（當初被抓姦在床的女友已升等為老婆）手牽手出現。警察連續三次都叫成男回家，因為我揭露的兩個字通通都沒有出現在成男的本名，反而是隱蔽的字，才出現在他的真名；而且我分享的照片裡，每一張都把成男的臉用一顆大豬頭蓋住，一般人根本無法辨識，不知道成男到底要告什麼。

　　成男不死心，第四次上分局報案時有備而來。他提交給警察照片原圖，證明自己就是照片中被打了馬賽克的人，堅持要告我到底。成男真的很恐怖，警察告訴我，成男不知道透過什麼方式查到我的住家地址，他告訴警察不用查了，可以直接到這裡抓人，警察不得已，只好受理這個鳥到不行的案子。

　　插播一下，我在這裡先發表不自殺聲明，如果我出了什麼事，本篇的成男和另一篇的張胖絕對嫌疑重大，因為成男報案前就查到我家地址，張胖則是有一個在調查局混過的老爸。

　　我把成男在 Sogo 被錄下的影片以及與 Jacky 通話的電話錄音檔，一併呈交給警察當證據，雖然警察沒有多說，但是他一定覺得瞎，正常人肯定都無法理解成男到底哪來的自信，覺得自己會勝訴。警察先生安慰我不要太擔心，他會把所有影音內容打成逐字稿提交給檢察官，也建議我之後如果案子不起訴，可以對成男提出誣告罪。

一走出分局，我馬上打電話給 Queen，劈頭就罵：「欸，妳知道嗎，陳彥維不是本名，他本名姓成，成龍的成，而且他名字的第三個字也不是『維』，妳怎麼會跟這種來路不明的人交往啊？」掛掉電話後，Queen 馬上跟其他女生確認成男的名字，每個人的答案都是「陳彥維」。

　　既然此「陳」非彼「成」，此「成」非彼「陳」，再沒有法律常識的人也會知道成男根本很難勝訴。但是我還是不免因為「初次」被告感到焦慮，也覺得有點丟臉，因為身為高敏人的我，可以察覺社區管理員看我的眼神變得怪怪的。

　　我硬著頭皮，聯絡了在法務部擔任檢察司的大學同學。她安慰我不要太緊張，被告不代表有罪，要我先放寬心，開庭時好好地把事實說出來，相信檢察官一定會做出正確判斷；也建議我可以先不用找律師，等第一次開庭後的判決出來再看看下一步怎麼走。

　　同時間，我也上網查了「妨害名譽」相關討論，發現「妨害名譽」在台灣超過七成不起訴。一篇自由時報的報導就指出：「憲法保障人民言論自由，為避免不實言論使名譽及信用受損，刑法有『妨害名譽』及『信用罪』來保護人民名譽權，卻常遭濫用。有民眾只不過一言不合、爭吵幾句，就大動作提告，他們之中不少人，目的只是要讓對方進警局、地檢署『解一口悶氣』，提告者告完後卻不用再出庭、或通

知到他也不出庭，但檢警受理後卻得製作諸多公文書，耗費不少心力完成偵辦程序。」成男就是這種心態，自己瞎，卻要一群人陪著他瞎忙一場。

至於 Queen 的部分，因為成男不只控告她「妨害自由」，也告她「勒索取財」，案情相對複雜一點。雖然以她對成男的了解，成男告人的目的只是自爽，絕對不可能花錢請律師，她可以先單槍匹馬上陣，但是最後還是決定委任律師，速戰速決。

2022 年 3 月 7 日，Queen 收到「桃園地方檢察署」寄來的刑事傳票，開庭日期為 4 月 7 日。

檢察官向 Queen 確認，2020 年 5 月 8 日，是否曾夥同兩名女性，前往 Sogo 百貨復興館 9 樓咖啡廳圍堵成男，向成男勒索取財，並出言恐嚇：「黑道不是這樣處理事情的，一般外面行情至少幾十萬甚至百萬。」甚至要求成男拍攝道歉影片，否則將找黑道出面處理。

Queen 坦承那天確實有與另外兩名女生和成男碰面，但是成男陳述的內容與事實相差甚遠，協商過程中，因發起人與成男曾發生多次性關係，下體發炎，現場另一名女生認為成男應支付醫療費用，兩萬元是成男自己開口的金額，並主動去領錢。整個談話過程氣氛都很平和，全程都有錄影為證。對於成男自稱是「陳彥維」，Queen 認為成男一開始就有心欺騙。檢察官再向 Queen 詢問文章一事，Queen 告

訴檢察官，因為不希望未來有其他女生受騙，才決定跟知名粉絲頁投稿。

由於 Queen 和成男的說法出入實在太大，檢察官決定傳喚成男當面對質。Queen 表示她對成男心生恐懼，不想再見到成男，檢察官向 Queen 保證，絕對會保護她的安全。貼心的暖男律師看出了 Queen 的不安，詢問檢察官是否可以讓 Queen 坐到他身邊，檢察官同意了。

成男剛進法庭時，原本還一副意氣風發的樣子，後來瞄到律師，頭馬上低了下來，講話也氣若游絲。

檢察官問成男，是否利用「陳彥維」這個名字認識 Queen？成男一直顧左右言他，不停說著自己的個資被公開在「渣男動物園」的 Facebook 還有 Instagram。檢察官嚴厲斥責成男：「我現在是在問 Sogo 復興館發生的事。」成男抖了一下，坦承自己確實給了 Queen 假名。

檢察官問：「為什麼要用假名？」成男說：「因為網路上認識，我不敢給真名。」檢察官接著針對成男先前的自述，向成男進行確認。當成男被問到當時是否被 Queen 脅迫去領錢，成男講話開始結巴：「我我我我我我 ... 我有點忘記了，因為有點久了。」檢察官順著成男的話問下去：「既然這麼久的事情，為什麼現在才提告？」成男開始胡言亂語：「她們說我讓另外一個女生大肚子，還說我讓另一名女子

下體紅腫疼痛，我沒有反駁。當下我不知道是恐嚇取財，沒有報警是因為我慌了，不知道要請警察幹嘛。」成男的說法完全在自打嘴巴，證明他對 Queen 的指控根本是誣告。

檢察官接著問 Queen，是否曾恐嚇成男若不給錢就要找黑道解決？Queen 告訴檢察官，黑道一事根本是無中生有，百貨公司是開放空間，成男隨時可以跑，更何況成男比現場任何一個女生都要高大，不懂成男為什麼要一直強調自己當時很害怕。

訊問結束時，檢察官做到了他對 Queen 的承諾，讓 Queen 先走，10 分鐘後才放成男離去。

我也在 5 月 11 日收到傳票，5 月 16 日開庭。

開庭當天，我在法庭外看到一個長相與成男有八七分像的微胖男子，但是不敢確定是成男本人，因為肉眼可以肯定他絕對沒有 178 公分。而且該男長相平庸，怎麼看都不到可以騙砲到一堆人的等級。沒想到開庭時，那名偏胖顯矮的男子和我一起走進法庭，肩並肩坐著，彼此只隔了 10 公分不到的距離。在我們座位前方，有一個大螢幕，書記官會即時把雙方口述內容整理成文字，投影在螢幕上。

檢察官先讓成男陳述，他指控我在網路上對他進行誹謗，不只揭露他的姓名、IG 帳號、居住地、車款樣式、寵物名稱，還指控他「渣

男」、「到處騙砲」、「從不戴套搞大女生肚子」，最後還補充超級經典的一句：「喔，對了，她還說我的手指頭又肥又短。」

我在心裡翻了好幾個白眼，也努力忍住笑意，「渣男的腦，豆腐的渣」，都什麼時候了，你還在意自己手指頭的評價，想替手指頭平反。我低頭瞄了一下成男的手指頭，再次肯定我的文章只是陳述事實。我想，法庭上的檢察官和書記官一定也會忍不住偷瞄成男的手指頭。

輪到我時，我向檢察官說明，發文前我確實有經過查證，也看過所有成男道歉的影片。我並不認識成男，沒有理由害他，會撰寫文章單純只是不希望有更多女生受害。況且我文中寫的是「陳╳維」，並非成男真實姓名，所有張貼出來的照片都是成男女友先前公開發佈的，分享前都有經過特殊處理，完全沒有露出陳男的臉，不懂為什麼成男要對號入座。

在我回答檢察官的過程中，成男竟然蠢到伸了一個懶腰，遭到檢察官大聲恫嚇，要成男尊重法庭。成男一臉孬樣，連說了好幾次對不起。

檢察官拿出當初成男與 Jacky 通話的逐字稿，要成男確認是否還記得當時他與友人的通話內容，成男說他什麼都不記得了。檢察官再問，是否還記得當初被我公開的 Instagram 帳號？成男也說他不記得

了，因為他已經不騙砲很久了，已經把該帳號刪除。

檢察官最後問成男，還有沒有什麼要補充，成男竟然花了 5 分鐘時間，滔滔不絕向檢察官說明 Queen 是如何恐嚇他要找黑道來處理。真的不知道這個人到底是腦袋不好，還是習慣不好，永遠問 A 答 B，在「妨害自由」的庭上，不停訴說自己的資料被公開在社群有多委屈；在「妨害名譽」的庭上，又強調自己遭到恐嚇。

我則是向檢察官再次強調，我真的完全沒有要妨害成男名譽的意圖，我所寫的一切都有經過查證，目的是希望保護女生不再受害。

二次開庭時，檢察官同時傳喚了 Queen 出面作證，也向 Queen 確認我並沒有因為撰寫文章向她收取任何費用。檢察官因為有點年紀，有點跟不上 Queen 的故事，但是書記官是個年輕的女生，當檢察官還在努力理解時，書記官已經把內容都整理好，好幾次還因為聽聞成男的荒唐行為，忍不住皺眉搖頭。

結束開庭後，檢察官笑笑地提醒我：「有時候還是要學會保護自己，雖然妳做的是正義的事情，但是會給自己惹麻煩。」當下覺得好溫暖，也覺得上法院其實一點都不可怕，一回生，兩回熟。

7 月 14 日，我收到了不起訴處分書，檢察官認為從成男的電話錄音檔和道歉錄影檔足以證實，我所張貼的內容並非沒有依據，而且

我寫文章的目的是提醒女性注意，確實有警示及保護其他女子之意，雖然用詞不夠文雅，讓成男無法接受，但是難以認定我有妨害名譽的罪責。至於我所分享的照片，都有經過馬賽克處理，如果我有妨害成男名譽的意圖，何必拿貼圖遮蔽他的臉？況且「陳彥維」並非成男的真實姓名，就算我揭露了成男的車款樣式、寵物名稱，這些都不足以讓成男被辨識，無法構成違反個資法的罪行。

8 月 1 日，Queen 也收到了不起訴處分書，明察秋毫的檢察官認為，如果成男當初真的遭到恐嚇，不可能姑息，卻在 1 年 5 個月後才對此案提出告訴，明顯與常理不符。而且成男對於自陳的內容完全無法提供相關證據，不能證實成男所言是否屬實，判定 Queen 犯罪嫌疑不足。

就這樣，成男成了「台北地方法院」和「桃園地方法院」雙重認證的渣男。

非常感謝法院還給 Queen 和我清白，但是成男的行為還是讓人生氣，他就是故意要濫用警察資源、司法資源，懲罰讓他不爽的人。但是冤有頭債有主，種什麼因，得什麼果，他最該處理的是自己，要不是幹了一堆壞事，被害者也不會找上門。為什麼要浪費社會資源，處理他搞出來的垃圾事。

事情過後，我唸了 Queen 一下，我不懂為什麼一個長得漂漂亮

亮的女生，會被那種貨色的渣男騙，因爲成男裡裡外外找不到半個優點，就連十根手指頭都見不得人。

類似的故事，其實無時無刻都在上演，早說過了：「網路交友問題多，保持距離最好。」偏偏很多人犯無聊、犯寂寞時，還是會打開交友軟體。雖然不能說網路交友一定無好貨，但是機率非常低，就跟中樂透一樣。因爲正常的女生是上去找眞愛，但是大多數的男人卻是上去騙砲打。

一開始就表現得過度溫柔體貼、提起自己的故事還會難過噴淚、動不動就把「結婚」掛嘴邊的男子，99% 不是好東西，偏偏女生遇到這款特別容易中邪。

請把「結婚」二字當成辨識渣男的關鍵字，當一個認識沒多久的男人，開口閉口就跟妳說「結婚」，不要傻到以爲眞命天子降臨，而是要提醒自己遇上了不是來「騙財」就是來「騙色」的渣男；當一個男人會跟妳痛哭流涕提起自己的過去，不要被他的深情迷惑，那很可能是渣男的眼淚，也是鱷魚的眼淚。

嘿，手指頭很像甜不辣的「成」胖胖，我知道這篇你一定會看到。我不知道你到底是透過什麼方式查到我的地址，但是我在這裡再次發表不自殺宣言，如果我有什麼三長兩短，絕對與你和後面壓軸登場的張胖有很大的關係。

希望以後當你的人生再次遭遇類似的事情時，可以試著反省自己，不要動不動就去騷擾警察，也不要濫用司法資源。貼心的小提醒，當你下回又因為被告或是告人而出庭時，千萬不可以在法庭上伸懶腰打呵欠喔。

一開始告人告得氣勢凌人，最後卻淪為法院認證，不只可笑，也很可悲。愛面子的人卻盡幹一些不要臉的事，實在讓人費解。

成龍的至理名言：「對不起，我犯了全天下男人都會犯的錯。」很適合你拿來道歉，因為你和成龍之間有著不可思議的連結，成龍本姓陳，藝名才姓成；而你本姓成，下體卻改姓陳，你們兩人果然「成陳本一家」，幹的事情也差不多渣。

不知道那天出庭後，你的身體狀況是否安好。開庭那天一早，我就感覺身體微恙，但是擔心如果臨時請假會被通緝，最後還是照常出庭，當天下午我就確診了，要是你因我而染疫，那就太棒了。

說真的，手指頭像甜不辣一點都不丟臉，你的行為明顯問題比較大。

8

高檢署認證的國家級妓者渣男
——膝蓋最軟獎

2021 年 11 月 17 日，主編告訴我有人寄了存證信函到出版社給我，第一時間我就猜到是張胖，史上最惱人的張胖！

　　主編應該從沒代收過這種東西，他在社群上發文表示，出版社負責收發信件的大哥興奮地打了分機給他，告訴他有一封存證信函是寄給他的，他背脊突然一陣發涼，後來知道苦主是我本人。

　　第一時間我確實感到難為情，畢竟「存證信函」聽起來不是什麼正面的東西，而且前兩天我才剛收到中壢分局通知書，要求我針對另一篇關於成姓渣男（請見本書《敝姓成，但是我的下體姓陳》）的文章到案說明。接連收到這種東西，真的覺得很衰，無端捲入是非。但是下一秒馬上轉念，我不過是查證後寫了文章，既沒做壞事也沒犯法。張胖故意把存證信函寄到出版社，目的就是要讓我感到害怕或丟臉，我千萬不能稱了張胖的意。

　　因為不想為了張胖寄來的髒東西特地跑一趟出版社，我請主編拍照給我。

　　敬啟者：

　　一、台端於民國 110 年 11 月 6 日竟在網際網路公開空間「Instagram」網站「渣男動物園」粉絲專頁以「四處劈腿、四處開幹、靠女人養也靠女人生存的小白臉大記者、張姓大記者有牛郎體質，吃

乾抹淨後不知感恩，反而到處放飛他的鳥」、「某市府記者下跪、劈腿成性張╳○」、「貪圖年輕的肉體」、「偷吃的其中一個是張男同報社的前輩，張男大言不慚地說，他是爲了工作才睡前輩，這樣前輩才會繼續幫助他，一切都是不得已。最惡劣的是，張男睡都睡了，還跟陳情人抱怨跟前輩做愛一點都不爽，嫌棄前輩又臭又醜。」、「另一個受害者也是單親媽媽，也被張男嫌得一文不值。張男說她全身上下都是假的，害他硬不起來，都要靠威而鋼才能開幹。」、「甚至還跑去基隆鐵路街的半套店找樂子。」、「進了市府後，張男玩得更開心了，成天對外炫耀有成堆的女人倒貼他，他自認是萬人迷，認爲全天下的女人都會瘋狂愛上他，還自稱『把妹高手』、『搭訕高手』。」、「疫情關係害得張男沒辦法約砲，張男又蠢蠢欲動，最後又讓陳情人抓到他和新的對象去了摩鐵。」、「張男眞的有性病，他不喜歡戴套，又喜歡內射，報社前輩也遇過同樣的問題，被醫生診斷是黴菌感染。」、「和女友分手後，現在的張男更肆無忌憚地約砲了。如果妳遇到了張男，如果妳不想感染性病，請快點跑！」

又於民國 110 年 11 月 9 日在網際網路之公開空間「Instagram」「渣男動物園」及「Facebook」網站「渣男動物園」粉絲專頁以「他還說他沒有『性病』，應該是擔心可以砲到的人數驟減。所以只能怪那些跟他發生關係的女生自己免疫力不好，才會集體下體發炎。」又於 110 年 11 月 15 日在公開空間「Instagram」「渣男動物園」及「Facebook」網站「渣男動物園」粉絲專頁以「只在意自己被說『微月半』，卻不在意『馬扁石包』」、「他宣稱在外頭都要吃威而鋼才

能『硬』」。

又於民國 110 年 11 月 16 日在網際網路之公開空間「Instagram」「渣男動物園」及「Facebook」網站「渣男動物園」粉絲專頁張貼「偉哉張渣」等字眼，未經查證，公然汙辱，誹謗本人，足以損毀本人名譽之不實言論，對本人之人格進行汙衊毀損，供不特定之多數人點閱瀏覽，以散布於眾，已構成《刑法》第 310 條第 1 項誹謗罪「意圖散布於眾」、「指摘或傳述」和「足以毀損他人名譽之事」，且以「散佈文字、圖畫」方式誹謗，依照同一條文的第 2 項為加重誹謗罪，特發函告知台端，請台端於函到之日 1 日內立即撤除所有公開網站空間之不實言論，並於「Instagram」」、「Facebook」等網域空間公開道歉，若逾期本人不再寬貸，將提出誹謗名譽之刑事告訴，併相關之民事求償告訴，望台端自重。

二、台端於民國 110 年 11 月 6 日竟在網際網路之公開空間「Instagram」「渣男動物園」及「Facebook」網站「渣男動物園」粉絲專頁，利用足以辨識本人之文字、照片及圖片等個人資料，包括「張╳○任職於某『阿凡達』報系，專跑市府新聞，和 157 市長的合照」、「新店人，約 175 公分，近 80 公斤，1993 年生，雙子座、現居基隆某社區，報系記者，白色 Altis」，又於民國 110 年 11 月 9 日在網際網路之公開空間「Instagram」「渣男動物園」及「Facebook」網站「渣男動物園」粉絲專頁，以文字指涉「他認識很多官員和政治人物，而且他爸是調查局的」上述並未經過本人同意，已屬非法搜集與利用，

本人謹依《個人資料保護法》第 11 條之規定，要求台端於函到後立即停止利用本人個資，並於 1 日內將所有公開網站空間關於本人之姓名、照片及其他足以辨識本人之資料均予刪除，否則本人將依《個人資料保護法》第 48 條，違反該法第 11 條之規定，提起刑事訴訟及行政訴訟。

　　以上就是張胖寄給我的存證信函全文，透過張胖的存證信函一直幫我的社群打廣告真是不好意思，萬分感激。不過我也對於張胖委任律師擬稿時的心情感到好奇，不知道當張胖回憶起自己幹過的好事，會感到得意還是羞愧。

　　其實我不懂，全世界叫「張╳○」的那麼多，張胖為什麼要自動對號入座？況且，他什麼時候變得這麼想低調了，當他公開秀出一張張和柯文哲的合照時，不就是想證明自己是個咖？還有，張胖在存證信函中，已經唏哩呼嚕把自己的所有罪狀都說完了，我這篇還要不要寫下去？

　　當然要，而且還要深度地寫，讓張胖被更多人知悉。張胖絕對是本書中最讓我厭惡的傢伙，就是他害我的粉絲專頁被 Facebook 列為警示帳號整整一年、個人帳號也跟著遭殃、Instagram 也被停權。沒辦法，誰叫他後台夠硬。

　　但是既然他現在已經貴為高檢署認證的渣男了，我的粉絲專頁也

從紅色帳號變回綠色帳號，說什麼都要大寫特寫，讓張胖名留青史。

張胖，新店人，現居基隆某社區。1993 年生，雙子座，身高 175 公分，體重目前應該衝破 85 公斤，看起來就是一顆圓呼呼的肉球，我都暱稱他為 Chubby Chang。我從沒看過比張胖還愛分享自己照片的男人，他的臉上寫滿了「我真是帥慘了」的自戀。

年過 40 歲的 Nini，視覺年齡比張胖年輕，在宜蘭擔任教職工作，是個外型美豔、身材火辣的單親媽媽。她的美貌曾讓她在大賣場遇上色狼，最後還鬧上新聞。當時的新聞畫面 YouTube 還可以找到，下方有的留言很中肯，直指：「她的男友（她身旁的張胖）表現也太弱了！」

故事回朔到 2016 年暑假，當時 Nini 剛結束一段婚姻。身為資深鄉民的她，經常掛在批踢踢上，因為 Nini 的批踢踢帳號和 LINE ID 一致，某男性鄉民看到 Nini 的推文後，搜尋到 Nini 的 Line 帳號找她聊天。幾天後張胖也透過 LINE 找 Nini 聊天，兩人非常聊得來。

Nini 無意間發現男鄉民和張胖的合照，心想該不會兩個人串通好來搞她的？Nini 問張胖怎麼一回事，張胖裝傻表示不知情，後來才承認是男鄉民要張胖去追 Nini。

一開始 Nini 就表明自己的年紀，也坦承離婚有小孩。張胖應該

是臣服於美色，什麼都沒關係。當時張胖正在服替代役（我強烈懷疑他服替代役有貓膩），Nini 特地在宜蘭租了一間套房，讓張胖去找她時有地方可住。退伍後張胖搬進爸爸名下的另一間房子，Nini 一有空就往基隆跑。

Nini 真的是好女友，張胖求職時，不只負責養他，還給他精神上的鼓勵。張胖第一份工作是去蘋果日報當狗仔，因為都拍不到好東西，也怕吃苦，兩個月後就辭職不幹。但是張胖一直有記者夢，2017 年 5 月跑去應徵某藍色報系的記者，負責跑基隆當地新聞。當時 Nini 只要有空就會陪著張胖到處跑，還幫忙想專題；張胖熬夜寫新聞稿時，Nini 也會準備宵夜讓張胖繼續維持胖胖的體型。

一開始張胖不想公開這段姐弟戀，一方面是因為張胖還想跟馬來西亞籍的拿督千金前女友破鏡重圓，一方面是因為一開始他只想跟 Nini 玩玩而已，也擔心 15 歲的年齡差距會引人非議。但是因為 Nini 真的對張胖很好，交往半年後張胖終於被感化，對外開始承認兩人的關係。

朋友都很羨慕張胖有這麼好的女友，不只長得漂亮，對張胖也很大方。張胖全身上下吃的、用的、穿的，通通都是 Nini 買的，就連去峇里島度假，Nini 也招待張胖去了兩次。

兩人看似平順地交往四年，雖然張胖偶爾會去夜店，大器的 Nini

渣男排行榜

覺得年輕人適度的玩樂無傷大雅，沒有跟張胖計較。2020 年，張胖因為得到長官的賞識，轉調到台北負責跑台北市政府的新聞。

張胖開始接觸「PUA」、「紅藥丸理論」、「搭訕課程」，並把理論化成實際行動。他告訴 Nini 他想藉由搭訕訓練膽量和口條，也讓自己更有自信，每天下班後都會站在信義區街頭找妹搭訕，互留聯絡方式。

累積了幾次成功經驗後，張胖自信爆棚，覺得自己是絕世美男，不只向男性友人炫耀自己沒有把不到的妹，也嘲笑朋友是魯蛇。Nini 希望張胖可以顧慮到她的感受，張胖卻辯稱他只是跟人搭訕而已，又不是找人打砲。

張胖和同報社的張姓女記者（以下叫她小汝）走得很近，不只把小汝掛在嘴邊，下班後還經常和小汝相約去喝酒。不知道張胖是道德感相對低落，還是根本就沒把 Nini 放在眼裡，不管張胖和小汝發生什麼事情，通通都會跟 Nini 據實以告。有一次張胖告訴 Nini 自己喝醉了，當天要在小汝家過夜。Nini 知道繼續下去一定會出事，希望張胖自制，張胖卻覺得 Nini 小題大作。

2020 年 5 月，張胖陪 Nini 去保養車子，張胖突然毫無預警提分手，Nini 沿路哭著開車送張胖回基隆。明明被分手的是 Nini，張胖卻哭得比 Nini 傷心，他不斷懇求 Nini 放他自由。兩天後，張胖改變

心意，主動要求復合，Nini 開心接受了。原以爲兩個人又可以回到當初的甜蜜，沒想到張胖整個人開始大走精，不只玩得更大膽，也不避諱讓 Nini 知道自己和小汝有多親密；在小汝家過夜時，還會用小汝的家用電話打給 Nini 聊天。

張胖向 Nini 坦承自己眞的跟小汝睡了，問 Nini 願不願意讓小汝當小的，還強調這是小汝的意思。張胖說他其實並不愛小汝，無奈小汝是報社前輩，他是爲了工作才出賣肉體，一切都是情非得已，還嫌棄小汝長得又醜，下體又臭，跟她做愛一點都不爽。

8 月時，張胖成功搭訕了一個叫若儀的女生，是個長得很正的單親媽媽，財力非常雄厚，不只開了一家醫美診所，也有投資月子中心，平時教瑜珈打發時間。張胖被若儀迷得神魂顚倒，爲了和若儀好好發展，張胖拒絕讓 Nini 去基隆找他，當時 Nini 連打電話給張胖都不敢，因爲張胖會憤怒指控 Nini 想要控制他。

Nini 從最初的以淚洗面，漸漸萌生分手的念頭，但是她越想越不甘心，要是就這樣分手了，不就稱了張胖的意。Nini 決定故作溫馴，讓張胖把自己當成無話不說的知己，她就要看看張胖到底可以爛到什麼程度。

張胖眞的以爲自己是皇帝，他說小汝已經點頭答應當老三，若儀也快被說服當老二，希望 Nini 可以全心全意接納她們的存在；還安

排以後禮拜五就固定讓給若儀，Nini 禮拜六再去找他。張胖對 Nini 目中無人的態度真的讓人髮指，在他和若儀打得最火熱時，不只一次把 Nini 丟在家裡，出去和若儀約會。

因為 Nini 真的做到了「只聆聽，不動怒」，所以張胖什麼都敢分享，什麼都不避諱。張胖後來發現若儀的私生活也很精彩，除了他以外，另外還有其他男人們，張胖非常生氣，為了若儀的不忠，跟 Nini 抱怨了兩個多小時，最後張胖決定和若儀分手。

張胖和 Nini 約好某個假期要去新竹旅行，出發前一天的星期五晚上，張胖不肯讓 Nini 提前去基隆過夜，因為他和網路上新認識的女生有約。但是 Nini 發現根本就沒有什麼新認識的女生，而是張胖繼續和若儀藕斷絲連。星期六凌晨時，Nini 忍不住傳了訊息給若儀，問她是否知道自己的存在？知不知道自己被當成老二？也同時讓若儀知道，張胖每次去找她都會報備，就連兩人做愛的細節 Nini 也通通一清二楚；張胖還指控若儀私生活混亂，也嫌棄她整形整到壞掉，全身上下都假貨，害他都必須靠著威而鋼才能硬起來。若儀已讀後只回了三個字：「知道了。」

前往新竹的路上，張胖收到若儀的訊息，忍不住叫了出來：「欸，為什麼她突然說以後不要聯絡了？怎麼了嗎？」Nini 當下選擇裝死。

若儀因為氣不過，一個禮拜後打電話把張胖罵了一頓，關係也正

式結束。張胖非常憤怒，把 Nini 罵了一頓，而且他的皇帝病又犯了，對 Nini 出言恐嚇：「妳知道妳這樣會被打入冷宮嗎？妳本來是皇后，現在是奴婢了。」當時腦袋壞掉的 Nini 哭著向皇上道歉，保證她以後不敢了。張胖非常滿意 Nini 的卑微，最後竟然露出滿意的微笑，警告 Nini 以後最好乖一點。

原本的四人行，變成了三人行，Nini 決定再度出手讓小汝出局。這次張胖的反應很不一樣，不生氣也不追究，擺明不是太在意。兩個妾被除掉以後，Nini 感覺張胖也沒有比較乖，疑似還有其他隱藏版對象。

張胖每天下班後開車回基隆的路上，都會和 Nini 聊天，有一次張胖莫名其妙生氣找碴掛電話，Nini 察覺不對勁。隔天張胖上班途中照例打給 Nini，講了一個多小時還沒抵達目的地。Nini 問張胖：「你家到台北市政府怎麼會這麼久？不是應該半小時就到了？」張胖反應很快，他說他是為了多跟 Nini 說話，才在台北市政府外圍繞了好幾圈。

應該是不想再讓 Nini 搞破壞，張胖不再跟 Nini 提起任何外頭的女生，Nini 只能暗中觀察、蒐集證據。她發現張胖好幾次連續兩天穿著同一件衣服，也瞄到張胖和某個女生訊息互動頻繁，默默記下那女生大頭照的樣子。

某次張胖下樓買東西時筆電沒關，Nini 查看了張胖 LINE 的對話紀錄，找到記憶中的那張大頭照，點進對話後，迅速滑到她懷疑有鬼的日期，發現那一天張胖真的在對方家中過夜。

　　Nini 想起幾個月前有一個叫元浩的大哥曾經找上她，想跟 Nini 確認他女友江小瑾是不是跟 Nini 和張胖一起去潛水。當時 Nini 一頭霧水，跑去問張胖怎麼一回事，張胖呼嚨是他朋友的朋友惹的麻煩，與自己無關，還叮嚀 Nini 對方是黑道，離遠一點才不會惹麻煩。Nini 懷疑張胖的新砲友可能就是元浩的女友，她拍下了江小瑾的大頭照向元浩確認。果然，張胖這回玩到黑道大哥的女人了！

　　張胖發現 Nini 和元浩密集傳訊息，以為 Nini 另結新歡，不停追問：「誰是元浩？」Nini 乾脆將計就計，告訴張胖他睡了黑道大哥的女人被發現了，現在道上兄弟已經查出張胖的住家地址，要上門找他算帳。張胖當場嚇得臉色慘白，哀求 Nini 幫他跟元浩傳話：「妳跟他說，我現在就把他女友的帳號刪除封鎖，以後不會再找她了，妳叫他也不要找我了，妳快點跟他說。」

　　人在中國的元浩知情後非常生氣，交代台灣的小弟處理。小弟們把張胖叫去，要求張胖對著錄影鏡頭道歉。張胖一看到兄弟們膝蓋就軟了，當場下跪：「賴大哥您好，我是張╳○，我犯下了非常不對的事情，非常難以原諒的過錯，就是我跟您的妻子，就是江小瑾小姐，跟她發生了關係，我有眼不識泰山，我真的是感到非常地罪悔莫

及。我在跟她第一次發生關係後，她有跟我說她有男友，但是我卻不學好，太自以為是，之後又有了第二次，所以我現在是感到非常得害怕跟抱歉。希望賴大哥可以高抬貴手，大人有大量，饒過我一條生路，饒了我一條狗命也好，我真的非常抱歉，希望您真的就是諒解我一下，我會乖乖地安分守己，我女朋友也在場，我會好好地跟她在一起，絕對不敢再做一些很糟糕的事情，我早就在您透過我女朋友跟我說之後，完完全全地把江小瑾封鎖跟刪除，所有的方式，不管是Instagram、臉書、LINE，全部刪除封鎖，我承諾我絕對不會再出現在賴大哥跟江小瑾小姐的生活圈中，我會完全消失，希望您可以放我一條生路，饒過我這樣子，我向您磕頭謝罪，不好意思，賴大哥真的很抱歉，真的對不起，真的對不起，真的對不起…」張胖一邊說，一邊磕了八個響頭。

小弟們問張胖要怎麼表示歉意，張胖不知所措，Nini幫忙解圍，表示願意給元浩20萬元賠罪。這件事情就暫時告一個段落。但是這一切真的非常荒謬，人是張胖在睡，遮羞費卻是Nini出錢。

張胖自主性下跪後，想一想又心有不甘，跑去警察局報案，但是警察告訴張胖這是社會事，他睡了人家女友，人家沒打他也沒動他一根寒毛，下跪也是他自願的，沒有受到任何脅迫，他是打算告什麼？

Nini以為這次的教訓後張胖會學乖，為了慶祝張胖重生，Nini送了一台iPhone 12的頂級機給張胖當成聖誕節禮物，還買了一堆衣

服、褲子、鞋子希望張胖重新做人。沒想到張胖死性不改，又被 Nini 抓到連續兩週和不同女生約會。

第一次被抓時，張胖謊稱和長官開會，但是 Nini 透過特殊方式掌握了張胖行蹤，得知他其實帶著新認識的妹去吃飯。Nini 打給張胖，告訴張胖黑道大哥已經交代小弟全天候跟著他，不論他做什麼都逃不過法眼。張胖嚇得魂飛魄散，拜託 Nini 不要生氣，為了證明自己跟新妹一號沒有姦情，張胖不敢掛電話，讓 Nini 全程參與他和對方的用餐聊天過程。第二次被抓也是差不多的情形，張胖颱風天謊稱要去找爸爸吃飯，其實是跑去跟新妹二號纏綿。Nini 雖然口頭上嚷嚷要給張胖好看，最後還是心軟原諒。

張胖下跪的影片突然在記者圈傳開了，阿凡達報系上上下下也都知道報社裡有張胖這號人物。張胖懷疑是其中一個報社同事在搞他，不只當眾羞辱該名同事，還煽動其他同事對無辜者進行集體霸凌。後來張胖才知道原來自己被最好的朋友出賣了。

顏面盡失的張胖自覺在記者圈已經混不下去，上天當時對張胖真的很好，讓他絕處逢「春」，突然走離奇桃花運，讓他憑著「男色」被柯文哲任內的某局處首長看上，邀請張胖去當她的機要秘書。

張胖順勢從報社轉職到台北市政府，換了屁股也換了腦袋，完全忘了下跪影片引起的風波，變得更加目中無人，逢人就炫耀自己在市

府內外都很吃得開，成堆的女人碰到他都會主動倒貼。一些人也開始變成張胖性幻想的對象，跟 Nini 做愛時，張胖有時會高喊許淑華、闕枚莎、陳智菡的名字，黃瀞瑩可能不是張胖的菜，從來沒有被唱名過。

因爲覺得市府的工作實在太累了，2021 年 5 月，張胖決定重回阿凡達報社。疫情關係讓張胖暫時沒辦法約炮，但是他幹的歪事也沒少，不只跟第 19 屆某基隆市長候選人拿了 10 萬元酬庸寫新聞，張胖之前的市府長官也挪用經費，外包聘請張胖審查該局處的新聞稿。張胖只要加幾個字、改幾個字，每件稿子就可以拿到 800 元，前後所得超過 10 萬元。這個醜聞在該局處首長下台時遭市議員揭發，張胖也被質疑根本就是薪水小偷。

8 月時疫情稍爲趨緩，Nini 再次抓到張胖不只和新對象去了摩鐵，還去基隆鐵路街的半套店找樂子。Nini 終於決定放手，向張胖提了分手，同時也透過 Instagram 和我聯繫，希望我可以幫忙把張胖的事蹟寫出來，避免未來更多女生受害。

11 月 6 日，文章一出，Nini 就接到張胖的電話，他指責 Nini 怎麼可以把他的私事公諸於世，也非常在意我在文中說他「胖」、「有性病」。他擔心「胖」這個字會有損他的帥度，「有性病」會妨礙他以後和人交際（交配？）。

聽說該篇文章當天也在記者圈炸鍋了，就連阿凡達報社的長官都跑來《渣男動物園》粉絲頁圍觀。四天後，一名讀者分享了一個 Line 截圖給我，告訴我張胖應該經報社勸退，自請離職了。張胖在記者群組裡告訴大家：「對不起各位同業夥伴，深夜叨擾佔用公版，小弟雖非公眾人物，斗膽在這裡敘述點小事。因個人的私事與諸多極度不實的內容，害到公司及記者形象，因此已向報社提離職。這幾年擔任記者與秘書時，和大家相處很愉快，盼若不介意，未來有緣再相見，添麻煩了，非常抱歉，謝謝。」

諷刺的是，張胖記者生涯寫的最後一篇報導，是柯文哲的貼身隨扈偷吃柯的遠房親戚的新聞，不知道張胖撰寫新聞稿的當下，是什麼心情。

人犯了錯只要真心悔改，台灣人的善良都很願意再給機會。但是張胖不但不覺得有自己錯，還把錯通通推給別人，他怨天怨地怨別人，覺得都是 Nini 和我毀了他的完美人設。幾天後，《渣男動物園》的粉絲頁和 Instagram 上頭所有和張胖相關的文章通通被下架，粉絲頁的品質瞬間變成紅色警戒，我的個人帳號也被判坐牢 30 天，Instagram 更慘遭停權。Facebook 也警告我不得再犯，否則粉絲專頁和個人帳號即將離我而去。

我的社群帳號先後被癱瘓的情形非常不正常，當時一個新聞網站也擷取我的文章內容，同步公開張胖的惡行，幾天後那個網頁也突然

呈現「404 Not Found」的狀態，背後明顯有人爲操作。經 Nini 告知我才知道張胖的後台眞的很硬，平時就跟一些政府官員往來密切，爸爸也貴爲調查局退休員工，一切眞相大白。

11 月 17 日，張胖寄了存證信函到出版社，我感到非常憤怒，因爲撰寫每個渣男故事之前，我都會確實做好查證，不讓自己淪爲別人的打手，也避免殃及無辜。張胖根本不像男人，敢做不敢當。而且我已經非常手下留情了，不但沒有揭露張胖的名字，也沒有公開他穿著阿公款睡衣睡褲下跪的影片，張胖這麼急於對號入座，根本就是狗急跳牆。

和律師討論後，律師建議我先行撤文，並於粉絲專頁公開回覆張胖來函，聲明所寫的事情均查證屬實，但因涉及法律爭議，暫時先撤除相關文章，後續爭議過程，將於合理程度內陸續更新。

聲明一出，立刻又有讀者向我爆料，對方告訴我張胖離開報社後，回頭去找市府局處首長求職，原本已談好到職日，但是有人跑去跟柯文哲稟告張胖在《渣男動物園》粉絲頁引發的風波，柯文哲因此下令：「此人永不錄用。」張胖回市府之路從此斷送。

2021 年 12 月 30 日，委任律師告訴我，三重某位警員請我去做筆錄；Nini 也在同一天接到警察電話，要她到案說明。跨年前收到這個消息眞的很晦氣，但是也更加證實張胖恥度無極限。

2022 年 1 月 6 日，我在律師的陪同下前往派出所說明，得知張胖於去年 11 月 26 日，在某位女律師的陪同下前往三重分局備案，對我提出「妨害名譽」告訴，也對 Nini 提出「妨害名譽」及「妨害自由」告訴。因為先前我已於粉絲頁公告，如果張胖後續有任何動作，我都會同步連載讓讀者知悉，只能說張胖就是不懂到此為止的藝術，硬要來一場「張胖的浮誇逆襲」。既然他這麼想把事情鬧大，我就奉陪到底。

　　台灣就是有張胖這種濫用司法資源的人，試圖以訟止謗。他告我和 Nini「妨害名譽」真的很幽默，本來就沒有的東西，別人要怎麼妨害？他告 Nini「妨害自由」也是亂告一通，顛倒是非。張胖向警方聲稱，Nini 夥同黑道把他騙到俱樂部，因張胖坦承與黑道大哥的女人發生性關係，當場遭到強暴脅迫下跪道歉。小弟們除了拍攝他下跪道歉的影片以外，還對他進行恐嚇取財，要求支付 20 萬的遮羞費。

　　7 月 1 日，我和 Nini 同時前往「新北地方法院檢察署」開庭。Nini 告訴檢察官，她和張胖之前確實是男女朋友關係，但是兩人已於 2021 年的 9 月 11 日分手。黑道事件發生於 2020 年 10 月 25 日，當天張胖接到黑道大哥元浩的電話非常害怕，要求 Nini 陪同前往。當天對方並沒有提到遮羞費的事情，只問張胖打算怎麼善後，20 萬是 Nini 想替張胖解決紛爭主動提起的方案；當天現場也沒有人逼張胖道歉，下跪也是張胖自願，所以「妨害自由」完全不成立。至於「妨害

名譽」的部分，張胖先前幹過什麼事情，記者同業早就有所耳聞，張胖也確實利用記者身分圖利，違反公共利益。我也向檢察官說明我所撰寫的文章內容都有經過查證，而且沒有向 Nini 收取任何費用。

20 天後，我和 Nini 分別收到了不起訴通知書，針對 Nini 涉嫌恐嚇、強制的部分，檢察官認為根據張胖自己提供的下跪影片，畫面中並未見 Nini 和其他人出現，難以認定 Nini 和其他真實姓名不詳之人對張胖有進行恐嚇取財之實。張胖雖然於偵查過程中，自述於影片拍攝之際感到恐懼，但是影片中張胖陳述自如，坦承與大哥妻子發生關係兩次。檢察官也發現張胖前後說詞不一，偵查過程中張胖不斷宣稱影片拍攝當下已與 Nini 分手，但是下跪影片中卻指稱 Nini 為女友，明顯居心不良。

至於張胖控告我「加重誹謗」的部分，檢察官認為我在貼文中均以特徵描述張胖，並未指名道姓，而且貼文中所附上的所有張胖與柯文哲的合照，張胖頭像都用貼圖遮蔽，不論是相關圖片或特徵揭露均屬合法公開之個人資料，並無不法。況且張胖偵查中也坦承與他人發生性關係，與我所撰寫的內容相符，我的文章應該由言論市場決定優劣，不該透過國家介入。

我從不起訴處分書中，看到一個非常有趣的段落。元浩得知 Nini 被張胖提告後，曾經試圖聯繫張胖，但是張胖都不敢接電話，元浩最後傳了一封簡訊給張胖：「你不用緊張啦，我打給你沒有什麼事情，

我只是這陣子被好多道上兄弟關心。事隔一年多了，我前女友被你睡都滿週年了，你動用了這麼多社會資源來關心我，我蠻好奇你那邊的訴求是什麼，僅此而已，不然隔了一年又把我捲入其中。簡單來說，大事化小，小事化無，我都不怕你要錄音了，你準備好再打給我即可，不要再打電話叫人來照會我了，這種香蕉案沒有人會處理的。」這則訊息內容竟然被張胖當成向法院證明遭到黑道恐嚇的證據，張胖這個人真的荒謬地可以，標準的做賊喊抓賊。

我還另外發現一件事，原先陪同張胖到警察局報案的女律師已解除委任，張胖新聘的兩名律師中，其中一名被媒體封為魔鬼律師，曾於 2019 年替毒犯辯護時，趁著閱卷機會把筆錄資料洩露給在逃共犯，協助串證，事後依「洩密罪」遭判刑 6 個月；也曾於某次法庭陪訊時，趁著檢察官清點扣押物的空檔，將 2 張匯款單放進口袋，再度被判刑 6 個月；2021 年 2 月一名土地開發董事長遭設局簽下 1 億 5 千多萬本票，歹毒得知被警方盯上後，將該名董事長強押至該名律師的事務所串供，因違反《律師法》，遭停職 1 年 2 個月。只能說什麼人玩什麼鳥，不愧是張胖找來的魔鬼代言人。

張胖就像打不死的蟑螂，因不服判決聲請再議，遭到「新北地方檢察署」的駁回；張胖不死心，再次申請再議，又遭到「台灣高等檢察署」駁回，名正言順成了高檢署認證的渣男，狠狠掌摑自己三次。

雖然訴訟纏身的過程讓人厭世，但是現在回想起來，會覺得自己

做了一件對社會有意義的事情，因爲張胖一直以來都立志從政，如果不趁早揭發，可能將來某一天他就代表民眾黨參選市議員。

想想，張胖的存在眞的很可悲，不知道到底是什麼環境造就了他的個性，聽 Nini 說，張胖的爸爸對他非常溺愛，就算得知自己的寶貝兒子在外惹事，睡了黑道大哥的女人，不但不教他做人處事的道理，反而動用黑白兩道關係要給黑道大哥教訓；就算清楚知道張胖一直像個小白臉一樣依附著 Nini 寄生，還是覺得 Nini 高攀了自己的寶貝兒子。

張胖可能從小就被家人洗腦，覺得自己各方面都高人一等，有一種帥，叫做張胖自己覺得自己超帥。而且張胖的思維一直都是自己永遠不會有錯，如果有錯，通通都是別人的錯。

因爲做人失敗，張胖在前來向我爆料的兩個同業口中，是個油腔滑調、自視甚高，攀權附貴、得意忘形，狐假虎威的傢伙。後來還有一個長得非常漂亮的女讀者告訴我，她曾經在應酬場合被張胖搭訕，她對張胖的印象就是「油條」和「輕浮」。

Nini 和張胖分手後，有好長的一段時間都走不出來。她開始鑽研命理，發現一切都是命中注定。從她的命盤來看，那幾年她的感情運勢很差，才會一直鬼打牆；從張胖的命盤來看，23 歲到 31 歲的這段期間，張胖都會刻意找比自己年長、能力佳、財務上對他有幫助的

女生。Nini 就自嘲：「如果不是張胖，我的存款會多兩個 0。」那些白花花的銀子用力砸在自己身上多好。

其實所有的關係都是對應關係，如果當初 Nini 把底限設好，張胖就無法不停秀下限；Nini 所有對張胖的仁慈，都是對自己最大的殘忍。

拜託諸位渣男們，你們喜歡自取其辱沒關係，但是警察很忙，檢察官很忙，不要這麼愛胡鬧。像張胖這樣濫用司法資源，卻前後三次被法院打臉，最後證明自己真的渣得毫無懸念。

想跟女孩們說，很多渣男都喜歡亂告一通，因為提告是一種讓妳乖乖閉嘴的手段。遇到法律糾紛時不要害怕，上法院也沒想像中可怕，只要把證據準備妥，好好地向檢察官說明，法律還是有長眼睛。

Dear Chubby Boy，胖又不是什麼負面詞彙，不懂你幹嘛反應那麼大。而且 Nini 有跟我分享你近期的照片，看起來你又更圓了一點。如果真的不想被說胖，那就努力減肥，以後我就改口叫你瘦瘦男孩。

雖然你害我粉絲專頁從此被 Facebook 盯上，還被鎖流量，但是我還是祝你早日找到新工作。想想其實有點可憐，事到如今，這一切通通都是你自找的。記者圈已經對你大門深鎖，由你輔選的基隆市長

候選人也只得到 2,136 票，台北市政府如今也已經改朝換代，一切都回不去了。

後記：

2022 年 12 月 27 日，寫完這篇的隔天，社區管理員又用那種說不上來的眼神，拿了一封很厚的掛號信給我，又是「新北地方法院」寄來的公文。

拆開來看，張胖的名字映入眼簾，我在心裡罵了一聲「幹，有完沒完！」覺得這個髒東西真的陰魂不散。因為已經不是第一次收到這種法院文件，很快地，我在第一頁的地方找到了關鍵字「聲請駁回」，鬆了一口氣，開始認真看裁定書內文。

原來張胖因不服「高等法院檢察署」駁回他聲請再議的處分，又聲請「交付審判」，再次慘遭駁回。

法律上的流程或細節，一般人可能不是很清楚，我用比較簡單的方式來說，就是當張胖「交付審判」聲請被駁回時，他已經玩完了，從此法院不會再受理這個案子。張胖已經一路闖關，把「法院認證渣男」的點數集滿，達成一種人生成就解鎖。

真心不懂張胖為什麼要這樣自取其辱？為什麼要這樣濫用司

法資源？從 2021 年 11 月開始，爲期一年的「張胖之亂」，終於在 2022 年的尾聲畫下句點。

自戀如張胖，他熱愛目光，也貪戀掌聲，在這裡希望大家跟我一起熱烈鼓掌，恭喜張胖正式成爲國家級渣男。

後記

對不起，我不是九把刀

「妳以為妳是九把刀嗎？」吉普賽的嘴臉像極了八點檔鄉土劇裡的壞女人。

我低頭努力忍住眼淚，試圖開口替自己辯解：「因為你們暫時不會給我版權費，我只是希望你們可以給我一個開發期限。」

吉普賽冷笑了一下：「開發期限？妳搞清楚好不好，我們是在幫妳耶，第一部電影就可以掛上╳╳（一家外商公司的英翻中發音）發行，還有一剪梅掛監製，妳還有什麼好要求的，這是多少人求之不得的夢幻組合。」

我頭更低了，眼淚掉了下來。

吉普賽繼續羞辱我：「妳敢保證妳故事的票房可以跟九把刀一樣破兩億嗎？孔劉出演的話票房就會破億嗎？布萊德彼特也才一億。」

從什麼時候開始，一個人的名字變成了羞辱別人的方式？就連我希望吉普賽可以先跟我把版權談妥，他也跟我說：「妳不要像○○○（某賀歲片導演）一樣愛錢，最後落得╳╳不願意跟他合作。」

我終於忍不住哭了出來：「吉普賽哥，你可不可以不要對我那麼兇？」

吉普賽說了一句我一輩子都沒有辦法原諒的話：「我實在是對於妳的精神狀況感到害怕，╳╳跟妳這種人合作實在很危險。」

　　我是哪種人？吉普賽知道我曾經患有憂鬱症，那是一段很辛苦的日子，但是他卻用這種不善良的言論汙名化憂鬱症的患者。正因為有吉普賽這種人，很多心理生病的人寧可去買理科太太的課程，也沒有勇氣尋求專業的協助。

　　在一旁安靜很久的一剪梅開口了，她問吉普賽：「所以現在是要先把劇本改好，孔劉也點頭願意演，你才會去跟總公司提案，╳╳才會拿錢出來，是嗎。」

　　吉普賽點頭。

　　一剪梅轉頭對我說：「好，所以現在╳╳沒有要拿錢出來，我也沒有，我們要先把劇本弄好，讓孔劉點頭，所以我才跟妳說劇本很重要啊，等劇本開發補助的費用下來，我們就有第一筆錢了。」

　　接下來，一剪梅把我當成透明人，她用嘲笑的口吻跟她找來的編劇小文說：「妳看過她（就是我）寫的劇本嗎？超爛的，程度比學生還糟。」

　　我知道我的劇本寫得不好，因為我真的是新手，但是一剪梅看到

的版本，全部都是照著吉普賽的意思下去改的。吉普賽跟我說，如果我不照著他的建議修改就沒有賣點，沒辦法說服總公司投資。對於被改到面目全非的劇本，吉普賽非常滿意，覺得簡直是曠世巨作，下一屆的金馬獎最佳編劇就是我。

吉普賽還是止不住怒火，用力向我傾瀉他的不爽：「我們╳╳要認真考慮要不要跟妳合作了，妳太恐怖了，搞清楚好不好，我們是在幫妳耶。我跟妳說過了，文化部的劇本開發補助只要掛了一剪梅的名字就沒問題，評審看到她一定會給，到時候不就有錢了嗎？」

一剪梅繼續提醒我只是個魯蛇：「妳的案子如果掛自己的名字，文化部不會給妳錢啦，掛我的名字才會拿到補助。我都願意掛妳案子的監製了，沒有跟妳拿錢已經很好了，人家請我當監製是要花錢的，妳還要跟我談版權？急什麼呢，只要片子順利拍出來了，╳╳會把票房收入拿出來分紅啊。」

吉普賽憤怒起身：「反正就是這樣，劇本寫出來翻譯成韓文後，孔劉如果願意演，╳╳就『有機會』投，我有事，要先走了，」

不知道吉普賽是真的忘記了，還是害怕想起來，當初是他自己找上門，信心滿滿地說：「╳╳拿出五千萬沒問題！」而且他只能接受獨家投資。

2022 年 4 月初，我主動向吉普賽提起想去申請文化部劇本開發補助的念頭，一剪梅知道後，要求我用她的公司送件，我沒想太多，就答應了。4 月底把企劃案交出去後，我的案子就徹底被遺忘了。

5 月時，我問一剪梅是不是要等劇本開發補助的結果出來，案子才會繼續往下走？一剪梅想了一下跟我說：「我想到一個解決的方法，劇本補助的錢我們就這樣分配吧，我們給編劇小文 50%，我拿20%，妳拿 20%，我的公司拿 10%，這樣就能請小文先開始寫劇本。」

我問一剪梅：「所以我之後拿到的版權費用還有編劇費用，是跟妳編列給文化部的預算一樣嗎？」一剪梅說：「要看妳的劇本寫得如何了，如果我覺得很爛，妳就沒有編劇費，我看妳還是把重點放在版權費吧，因為妳的劇本實在寫得很爛，但是版權費我也不能保證可以給妳多少，要看到時候××給的預算決定。」

當時我因為確診，整個人癱軟無力，腦袋完全打結。我明顯覺得哪裡不太對勁，卻不知該如何回應。因為整份企劃書嚴格說來，除了預算編列還有一剪梅及吉普賽的公司簡介是由他們提供之外，其他全部都是我寫的。故事長綱的部分，一剪梅也是在拿到我的初稿後，直接丟給小文修改。其實小文的版本跟我原先版本的故事差異不大，幾乎沒有變動，因為不管是一剪梅或是小文，他們從來都沒時間看我的書，也沒興趣看。

以文化部劇本補助的獎助金額來說，如果是原著改編，可以多拿到 50 萬的授權費，但是一剪梅卻跟我說：「妳的書不重要，妳的故事不重要，監製和編劇比較重要，我給妳 20% 已經很多了。」就算我真的跟一剪梅講得一樣廢，拿到文化部的補助資格後，並不是躺著就可以準備領錢，接下來的結案報告都必須由我完成，費時又耗力，我的時間在一剪梅眼裡根本一文不值。況且一開始一剪梅要求我讓小文加入時，明明說好劇本會由小文跟我一起合寫，但是我卻明顯被邊緣化，只差沒有一腳踢開。

但是為了讓案子不停擺，我還是答應了。後來一些業界的前輩得知一剪梅的分配後，都覺得一剪梅擺明欺負剛進電影圈的小白兔。我也開始聽聞關於一剪梅的評價，有人光聽到她的名字就會瑟瑟發抖，也有人說她真的很愛錢。

原本以為案子會繼續動下去，但是一剪梅卻把案子丟到一邊，不再聞問，直到文化部即將公佈名單前，一剪梅才在群組說：「我們找一天出來談談彼此的權利和義務吧。」

我真的不知道為什麼事情發展到後來會變成這樣，2021 年底「金馬創投」會議結束後，吉普賽主動和我聯繫，他告訴我他很喜歡我的案子，╳╳願意獨家全投。當時甚至還誇口，開發前期如果產生任何費用，都可以跟他請款。

因為╳╳真的是非常巨型的國際公司，而且我一向不支持腳踏多條船的行為，所以我暫時放下其他機會，專心地和吉普賽把案子發展下去。

　　吉普賽不斷提醒我，╳╳有多好，╳╳有多棒，我的第一個作品就可以得到╳╳的青睞，我絕對是全世界最幸運的人。當時的狀態，就很像一個平凡的女孩，因緣際會認識了富二代，開始和富二代相戀。富二代不停地告訴我：「妳原本只是灰姑娘，但是因為我的關係，飛上枝頭當鳳凰。」

　　因為太開心，我忍不住和朋友分享╳╳看上了我的案子，很快地消息傳到吉普賽的耳裡，他提醒我案子還沒成型之前要好好保護它，不然會有同業來搞破壞。吉普賽以前帶的一個女徒弟因為之前對我的第二本書《渣男動物園：那些年，我們一起遇過的禽獸》有興趣，曾經主動找我聊過版權，所以有我的 LINE 帳號。她傳了長長的訊息數落我不該把吉普賽想跟我合作的消息告訴別人，他說吉普賽好不容易爬到現在的位子，任何不當的言行，都有可能害吉普賽從位子上跌下來。

　　因為不懂電影圈的生態，我誠懇地、充滿愧疚地跟吉普賽道歉，也向吉普賽表明我沒有半點要害他的意思，我感激都來不及。而且我只有跟幾名朋友講而已，他們大多不是電影圈的人。

吉普賽要我不要講，但是他自己卻到處講。當時因為他極力想拉攏一名男演員 C 的經紀人 S 姐，把案子告訴了 S 姐，S 姐知道有機會邀請孔劉演出後，表示她也想投資。

　　就這樣，男演員 C 成了御用的台灣男主角，但是其實我心裡充滿抗拒，雖然說演技好的演員什麼腳色都能駕御，但是要男演員 C 來飾演醫生，觀眾真的必須富有想像力和包容力。可是沒辦法，出錢的是老大，我 2022 年一整個上半年都在依照吉普賽的需求寫劇本，還硬生生被要求一定要加入男演員 C 和孔劉的對手戲。

　　看著荒謬的劇本，我非常想殺死自己，我不懂到底為什麼一定要讓男演員 C 和孔劉同時入鏡才有票房，《我的少女時代》裡，劉德華和言承旭也沒有同框，票房依舊破了好幾個億。

　　為了把我牢牢綁住，吉普賽不斷地重複提醒我：「電影圈只有我們有辦法把孔劉找出來，其他人都沒辦法。」當時我就跟戀愛中的少女一樣，腦袋整個損毀，誤信渣男的胡言亂語。

　　我最好的朋友 ZNing 原本在我的案子裡擔任製片，但是因為當時很多部電影都找她幫忙，所以有點疏忽我的案子；再加上當時我和 ZNing 聊到未來該如何幫我爭取版權和編劇費時，我覺得她好像無心幫我處理，所以當吉普賽開口跟我說，他擔心 ZNing 的資歷總公司不會買單，希望可以換成╳╳認同的人馬，我鼓起勇氣把吉普賽的決

定告訴 ZNing，就這樣，我為了讓電影夢成真，失去了我最好的朋友，想起來我也沒多高尚，一樣是個唯利是圖的人

ZNing 前腳剛離開這個案子，吉普賽就說一剪梅對我的案子有高度興趣，找了一剪梅進來，他不斷告訴我有了××和一剪梅強強聯手，我的案子一定會成。

一剪梅是一個講話非常難聽的人，每一句話都帶刺，在她的心裡和嘴裡，我就是一個沒有價值的廢物。就算故事是我的真實經歷，就算劇本源自我第一本書的改編，如果沒有他們的幫助，我什麼都別想。

因此當我決定參加文化部劇本開發補助時，吉普賽一次又一次地告訴我：「掛了一剪梅的名字就沒問題，一定會拿到文化部的補助。」一剪梅也誇口說：「不管評審是誰我都不用怕。」

一剪梅之前跟我說，只要我能同意她的獎助金分配，編劇小文就會開始先動筆寫劇本，但是小文卻跟我說，在沒有確定××會支付費用前，她不會寫任何東西。

我問吉普賽為什麼後來的發展跟一剪梅當初講的完全不一樣，吉普賽搬出了威逼利誘那一套，再次告訴我全台灣只有××可以找到孔劉，也提醒我如果得罪了他和一剪梅，整個電影圈沒有人敢做我的案

子。

　　吉普賽是一個憤世嫉俗的人，在他心中，幾乎所有人都對不起他。某導演上台領獎時，感謝名單中沒有提到他的名字，他開始心生怨恨；某個突然爆紅的新生代導演從來沒有對外向他表達感激，他也覺得人家有大頭症，不知感恩；某大影城的影廳安排不符他的期待，沒有把最大廳分配給╳╳發行的電影，他也試圖動用網路的力量，要大家一起打爆該影廳的客服。

　　但是在那當下，我所有的價值判斷全部都跟著吉普賽走，他討厭誰，誰對我來說那個人就是個惡人，因為當時在我心裡，吉普賽是我的大恩人，我的喜好一定要跟他一致，才不會辜負了他對我的「恩情」。

　　8月底，一剪梅終於想起我的存在，她說文化部的劇本補助會是這個案子拿到的第一筆錢，她希望大家出來把權利和義務都談好，達成協議後，就不得有任何異議，所以才有那一場我一輩子都難忘的會議。

　　兩個同業前輩告訴我，一剪梅應該是事先知道已入選文化部的補助名單，才想到應該要把版權確定。後來文化部的評審名單公布時，我恍然大悟，裡頭真的有一個是一剪梅的超級好朋友。

羞辱大會的隔天中午，吉普賽在群組內留言：「××經評估後，認為此案風險太大，決定退出。」接著他鼓吹一剪梅和編劇小文也一起退出群組，就這樣，群組內只剩下我一人。我沒有因為憤怒就把對話刪除，因為對話中有足以證明企劃案都是我寫的證據。

　　我打了一通電話向一剪梅確認後續該怎麼處理，文化部那邊是不是應該申請撤件，一剪梅還是不忘酸我：「因為沒有人要做妳的案子，我們才撿起來做，妳怎麼會把一盤好好的棋玩成這樣？」

　　我不想再忍了，把積累的憤怒吼了回去：「妳在說什麼東西，什麼叫做沒有人要做我的案子你們才撿起來做，你們閒閒沒事幹嗎？××這麼大的國際公司，會缺案子做嗎？妳可不可以講話不要這個樣子，妳不怕我去爆料嗎？我了不起不玩了，妳們還要在這個圈子混下去，真的不要這樣欺負人。」

　　一剪梅應該是被我的反應嚇到了，因為當時電影圈鬧出很多是非，不只有劇組出面控訴血汗超時工作，一名微型藝術家也指控知名導演積欠款項，她態度很差地說：「那我跟妳道歉可以嗎？」我還是無法克制怒火：「妳到底知不知道妳剛剛在說什麼？什麼叫做沒有人做妳們才撿起來做？」一剪梅開始把一切都推給吉普賽：「這是吉普賽跟我說的，他說沒人要做妳的案子，他才撿起來做的，我剛剛不是跟妳道歉了嗎？」

掛掉電話前，一剪梅還是想要倚老賣老：「妳這個樣子，電影圈沒人敢跟妳合作啦。」我真的笑了出來，一剪梅為什麼要拿應該送給自己的話來罵我。

掛掉電話後，我致電文化部承辦劇本開發補助的窗口 L 小姐，告訴她我要申請撤案。L 小姐人非常好，一聽到我的案子後，馬上說：「我記得妳的案子，它也有入選『金馬創投』對不對。」

L 小姐在得知一剪梅一直沒有跟我談妥版權，甚至還告訴我不會有編劇費，感到不可思議。她問我：「可是企劃書上不是已經寫好預算了嗎？」我告訴她預算表歸預算表，依照一剪梅的說法，我應該是拿不到，不只編劇費會掛零，版權費的金額之後也視情況再決定。

L 小姐聽得出來我又氣憤又沮喪，她安慰我每個案子都有自己的命運，鼓勵我明年再來。

就這樣，在浪費了快一年的時間之後，我又回到原點，原本整個人在空中迷幻飄浮，瞬間重重地跌落地面。我再次陷入憂鬱，每天都必須靠著高劑量的安眠藥才能入睡。也因為 2022 年上半年我都在寫劇本，沒有太多收入，生活變得很窮困。整個 2022 年我沒有買半件衣服，也沒有買半雙鞋子，也不敢有任何娛樂，但是我還是提醒自己要心存善念，多做好事，所以每個月依舊會固定支出一萬多元幫助流浪貓，整整 365 天每天都會固定餵浪貓，也開始到貓咪中途之家當志

工。

在自癒的過程中，我好幾次埋怨過自己，為什麼不再忍一下下，不再退讓一點點，案子就可以繼續下去。當時的狀態，就跟很多女孩處理感情問題時一樣，就算已經知道對方一直用不尊重的態度對妳，妳也明顯不快樂，卻不願意放手，因為歸零後，妳會捨不得那些付出的心力，也害怕不確定的未知。

直到一個朋友告訴我，她的好友 W 曾在一剪梅的底下工作，最後所有人被搞到受不了，集體離職。因為朋友的牽線，我有了和 W 對話的機會，W 告訴我，我所有當下對一剪梅和吉普賽詛咒的話，通通不及他們當初罵的十分之一，他提醒我先讓自己先休息一下再出發，不能急著找下一個對象，否則我很容易陷入另外一段不平等的關係。

W 的一番話徹底點醒了我。

其實不管是吉普賽或是一剪梅，當他們抽離電影圈，他們都是平凡人，但是吉普賽不懂這個道理，他以為他在每個地方都能呼風喚雨，所以在餐廳用餐時，他會對著服務生怒罵，斥責對方不知好歹，竟然不讓他超時用餐。

原來不只情場上渣男無數，職場上的渣男更是不計其數，有時候

他們還位高權重。

台灣社會有時候很鄉愿，有的人會主張就算受到傷害，也不要評論對方，最好讓一切慢慢淡去，才不會顯得自己小肚雞腸。我非常不認同那種觀點，因為放過別人，就是不放過自己，同時也在助紂為虐。

惡言是什麼，受害者只是在說實話。人真的不需要讓自己看起來「假裝善良」，面對充滿惡意的人，善良真的沒有半點意義。

書寫這本書的目的，除了公開渣男罪行，也希望完整記錄我2022 年來所遭遇的難關。既然孔劉是我的夢想，夢想就應該讓它漂漂亮亮的樣子，不該有委屈，也不該有傷害。同理可證，如果結婚是妳的夢想，那麼妳更應該好好保護自己的夢想。

只要這本書賣得不差，未來我會繼續寫下去。如果妳也希望妳所遇到的讓渣男能成為下一屆金烏獎的得主，歡迎到粉絲頁或是Instagram 私訊給我，但是妳不能用小號跟我聯繫，也必須先花錢買這本書。

當妳看著傷害過自己的渣男被寫進書裡，不只可以有種報仇的快感，還可以寄一本給渣男的家人還有渣男本人，也可以匿名寄給渣男的現任女友或是老婆，甚至可以寄給渣男公司的人資，是不是光想就很痛快。

最後想跟每個女生說，妳媽把妳生得這麼正，不是讓妳給渣男糟蹋的。勇敢離開每一段讓妳不快樂的關係，最華麗的報復，就是把渣男的惡行公諸於世。

　　也勸告所有渣男，不要再白費力氣亂告人了，因為不管你做什麼，最後都只是爭得一個法院認證。

　　願 2023 年起，所有壞運和不幸，都跑到壞人身上安居樂業，我們都要讓自己努力更幸福。

　　最後請讓我借用版面，向我永遠最好的朋友 ZNing 說聲「謝謝，對不起」，謝謝妳還願意跟我當朋友，也對不起當時我丟下了妳，只想到孔劉而已。

　　我不是九把刀，我是凱薩琳・孔小姐，未來我一定會成為凱薩琳・孔太太。

凱薩琳・孔

2023.01.03

VIEW ⑫⑥
渣男排行榜

作　　者—凱薩琳‧孔
主　　編—李國祥
企　　畫—吳美瑤
編輯總監—蘇清霖
董 事 長—趙政岷
出 版 者—時報文化出版企業股份有限公司
　　　　　一〇八〇一九臺北市和平西路三段二四〇號三樓
　　　　　發行專線—（〇二）二三〇六—六八四二
　　　　　讀者服務專線—〇八〇〇—二三一—七〇五
　　　　　　　　　　　（〇二）二三〇四—七一〇三
　　　　　讀者服務傳真—（〇二）二三〇四—六八五八
　　　　　郵撥——九三四四七二四時報文化出版公司
　　　　　信箱—一〇八九九臺北華江橋郵局第九九信箱
時報悅讀網—http://www.readingtimes.com.tw
電子郵箱—genre@readingtimes.com.tw
法律顧問—理律法律事務所　陳長文律師、李念祖律師
印　　刷—絃億印刷有限公司
初版一刷—二〇二三年二月十日
初版二刷—二〇二三年三月七日
定價—新臺幣三五〇元

時報文化出版公司成立於一九七五年，
並於一九九九年股票上櫃公開發行，於二〇〇八年脫離中時集團非屬旺中，
以「尊重智慧與創意的文化事業」為信念。

渣男排行榜 / 凱薩琳.孔著. -- 初版. -- 臺北市：時報
文化出版企業股份有限公司, 2023.02

　面；　公分. -- (View；126)

ISBN 978-626-353-457-5(平裝)

1.CST: 兩性關係 2.CST: 戀愛 3.CST: 男性

544.37　　　　　　　　　　　　　112000454

ISBN 978-626-353-457-5
Printed in Taiwan